TIMO PLUTSCHINSKI

DER AUFTRAG

Wenn Christen Politik und
Gesellschaft verändern

BRUNNEN
Verlag GmbH · Giessen

Soweit nicht anders angegeben,
sind die Bibelverse folgender Ausgabe entnommen:
Lutherbibel, revidierter Text 1984, durchgesehene Ausgabe in neuer
Rechtschreibung, © 1999 Deutsche Bibelgesellschaft, Stuttgart.

Weiter wurden verwendet:
ELB: Revidierte Elberfelder Bibel © 1985/1991/2006 SCM R. Brockhaus
im SCM-Verlag GmbH & Co. KG, Witten.
HFA: Hoffnung für alle®, Copyright © 1983, 1996, 2002 by Biblica, Inc.®.
Verwendet mit freundlicher Genehmigung von Fontis – Brunnen Basel.

S. 86, Bild „Der breite und der schmale Weg" (Charlotte Reihen):
Gemeinfrei. Quelle: https://commons.wikimedia.org/wiki/File:Der_breite_
und_der_schmale_Weg_2008.jpg.

© 2017 Brunnen Verlag Gießen
Umschlagfoto: mauritius images / Westend61 / Uwe Umstätter
Umschlaggestaltung: Jonathan Maul
Satz: DTP Brunnen
Druck: GGP Media GmbH, Pößneck
ISBN Buch 978-3-7655-1500-2
ISBN E-Book 978-3-7655-7483-2

www.brunnen-verlag.de

Stimmen zum Buch

„Jeder Mensch kann Verantwortung übernehmen. Das gilt im täglichen Leben genauso wie in der Politik. Entscheidend ist dabei nicht, welche Mittel uns zur Verfügung stehen, sondern wie wir damit umgehen. Dieses Buch macht Mut, Gottes Auftrag anzunehmen und im Vertrauen auf ihn zu handeln, wo wir etwas bewegen können – auch wenn wir vielleicht dafür kritisiert werden."

Volkmar Klein, Mitglied des Deutschen Bundestages

„Das Buch ist mehr als ein Appell. Es wird grundlegend historisch und theologisch argumentiert, und Praxisbeispiele zeigen konkret, wie engagiertes und verantwortliches Handeln aussehen kann. Eine lohnenswerte und herausfordernde Lektüre."

Frank Heinrich, Mitglied des Deutschen Bundestages

„Ein ausgezeichnetes Buch! Exemplarisch wird dargestellt, dass Heil und Wohl zusammengehören. Christen sind gerufen, das Evangelium weiterzusagen. Gleichzeitig sollten sie sich aber auch bemühen, evangeliumsgemäß zu leben. Das wird in Beitragen an den Beispielen Steuergerechtigkeit, Schulden und Migration deutlich. Ein empfehlenswertes Buch nicht nur für Führungskräfte!"

Helmut Matthies, Leiter der Evangelischen Nachrichtenagentur Idea

„Sich sorgenvoll heraushalten und die zunehmende Komplexität betrauern, das ist keine Haltung, die Zukunft schafft und Hoffnung vermittelt. Timo Plutschinski begründet, warum sich engagierte Christen zu allen Zeiten eingemischt haben – und wie das wirkliche Veränderung schafft. Ein Mut machendes Buch!"

Ulrich Eggers, Vorsitzender Willow Creek Deutschland

„Mitten in die gesellschaftlichen und politischen Unruhen unserer Zeit ruft uns Timo Plutschinski mit diesem Buch zu: Mischt euch ein! Ein Weckruf für alle Evangelikalen, sich gestaltend in Politik, Gesellschaft und Gemeinwesen einzubringen. Lesenswert und herausfordernd!"

Prof. Dr. Tobias Faix, Professor für Praktische Theologie an der CVJM-Hochschule und Leiter des Institut für Transformationsstudien, ITS

„Timo Plutschinski bringt es auf den Punkt. Wir brauchen mehr Christen in Politik und Gesellschaft und haben gerade in der evangelikalen und pietistischen Szene das Thema vernachlässigt. Dieses Buch ist ein motivierender Beitrag für gelebtes Christsein außerhalb von Kirchenmauern."

Martin Scheuermann, Direktor des Christlichen Gästezentrums Schönblick und Vorsitzender des Kongresses christlicher Führungskräfte

„Timo Plutschinski ermutigt Christenmenschen nicht nur ‚Seelen zu retten', sondern die soziale und politische Dimension des Evangeliums ernst zu nehmen. Biblisch fundiert, kirchengeschichtlich gelehrt, systematisch theologisch umsichtig und urteilsstark. Und dann auch noch aktuell und praxisorientiert, konzentriert und gut lesbar. Echte Empfehlung!"

Dr. Michael Diener, Präses des Evangelischen Gnadauer Gemeinschaftsverbandes und Mitglied des Rates der EKD

„Ein kluges Buch. Viele Fakten. Inhaltlich reizt es zum Widerspruch und zur Diskussion, die unsere evangelikale Bewegung dringend braucht."

Prof. Dr. Stephan Holthaus, Rektor der Freien Theologischen Hochschule Gießen

„Christen haben einen Auftrag – auch im gesellschaftspolitischen Bereich! Kompetent skizziert der Autor die biblische Perspektive, bietet einen historischen Überblick und stellt konkrete Themenbereiche vor, wie ein gesellschaftspolitisches Engagement für jeden von uns aussehen kann. Ein längst überfälliges Buch!"

Dr. Frank Hinkelmann, Präsident der Europäischen Evangelischen Allianz

„Dieses Buch forciert eine im evangelikalen Bereich notwendige Diskussion, die politische Verantwortung von Christen in den Blick zu nehmen. Ich bin gespannt, wie dieser erste Impuls von Timo Plutschinski Wirkung zeigt und freue mich auf weitere Beiträge zu diesem Thema."

Prof. Dr. Johannes Reimer, Vorsitzender der Gesellschaft für
Bildung und Forschung in Europa

Wenn sich an einer Straßenkreuzung die Unfälle häufen,
dann brauchen wir nicht mehr Krankenwagen,
sondern eine Ampel.

Inhalt

Vorwort – Warum ich Politik spannend finde *(Frank Heinrich, MdB)* 11

Einleitung: der Glaube und die Politik 13

1. Politik in der Bibel 20

2. Das Erbe der Reformation 43

3. Politisches und gesellschaftliches Engagement
   in der Geschichte der evangelikalen Bewegung 55

4. Theologische Barrieren 66

5. Gesellschaftspolitisches Engagement neu entdeckt –
   die Gegenbewegung bei den Evangelikalen 99

6. Den Auftrag wahrnehmen 111

7. Aktuelle Herausforderungen aus christlicher Sicht – 4 Beispiele 136

   Schulden – Das biblische Jubeljahr und
   die Staatsschuldenkrise des 21. Jahrhunderts *(Jürgen Kaiser)* 136

   Demografie – Die Gestaltung der Generationenbeziehungen
   aus der Perspektive des Alters *(Prof. Andreas Kruse)* 144

   Steuergerechtigkeit –
   Korruption ans Licht bringen *(Markus Meinzer)* 153

   Migration und die Christen *(Shabnam Jalali)* 175

Ausblick 180

Organisationen und Initiativen 183

Bibliografie 188

Anmerkungen 198

Vorwort – Warum ich Politik spannend finde

Von Frank Heinrich, MdB

Es war mir nicht in die Wiege gelegt, Politik spannend zu finden. Politik spielte in dem Umfeld, in dem ich aufgewachsen bin, keine Rolle. Meine Eltern leiteten mit anderen ein christliches Altenheim, wir wohnten mit im Haus. Es wurde in der Bibel gelesen und es wurde viel gebetet. Auch für „die Obrigkeit". Aber man lebte in einer eigenen Welt, man war geistlich, nicht politisch.

Der erste, wenn man so will, „politische" Einsatz meines Lebens war die Teilnahme an einer Demonstration vor der rumänischen Botschaft in Köln.

Mein Vater hatte seit vielen Jahren Kontakte hinter den Eisernen Vorhang. Regelmäßig fuhren wir in die DDR oder nach Rumänien. Wir schmuggelten Bibeln im Auto und nahmen an – verbotenen – Freizeiten teil. Als Kind war das vor allem ein Abenteuer. Doch je älter ich wurde, desto mehr verstand ich die politische Brisanz dieser Kontakte. Nach einem unserer Besuche erhielt ich die Nachricht, dass unser rumänischer Freund Manni von der Securitate verhaftet und ins Gefängnis geworfen worden war. Das ließ mir keine Ruhe und ich schloss mich der Demonstration an.

Wir waren nur eine kleine Gruppe und ich weiß nicht einmal, ob der Botschafter uns überhaupt bemerkt hat. Und doch hatte diese Aktion vor allem auf mich selber starke Auswirkungen: Ich hatte zum ersten Mal nach außen Gesicht gezeigt, das löste etwas in mir aus. Ich begann mich aktiver zu engagieren, zunächst vor allem sozial: Ich meldete mich als Mitarbeiter einer Teestube. Auch die Freunde in Rumänien wurden mutiger, sie begannen öffentlich füreinander einzustehen. Viele Mitglieder der Gemeinde besuchten die Prozesse gegen Christen. Leise betend saßen sie hinten im Gerichtssaal. Das war gelebte Solidarität, und damit hochpolitisch.

Mich hat das beeindruckt. Meine eigene Erfahrung und die Erfahrung meiner Freunde in Rumänien. Oft sind es kleine, scheinbar unbedeutende Gesten, die anderen Menschen in bedrängten Situationen Mut machen. Wir signalisieren: Du bist nicht allein, ich bin für dich da. Für einen Gefangenen beginnt die Freiheit, wenn er weiß: Ich bin weggesperrt, aber nicht vergessen.

Politik beginnt immer im Kleinen. Wir haben hier noch viel zu lernen. Das Reich Gottes lässt sich in dieser Welt nicht vollständig realisieren, klar. Wir werden immer Kompromisse schließen müssen, auch klar. Aber haben wir nicht ebenso klar den Auftrag, uns für Gerechtigkeit einzusetzen, für Freiheit und Frieden?

Ein Schlüsselerlebnis, das meinen eigenen Lebensweg beruflich in die Politik münden ließ, war ein Vortrag von Bernd Siggelkow, dem Gründer und Leiter der Arche in Berlin-Hellersdorf, einer Einrichtung für Kinder am Rande der Gesellschaft. Siggelkow erklärte, dass wir die Not nur wirksam bekämpfen können, wenn wir an mehreren Fronten der Gesellschaft kämpfen. Es werden natürlich Mitarbeiter im sozialen Bereich benötigt, die an der Basis arbeiten, aber ebenso auch Menschen, die in die Politik gehen, um dort die gesetzlichen Weichen der Sozial- und Bildungspolitik zu stellen. Mich hat das überzeugt. So wurde ich Politiker.

Wer nicht handelt, wird behandelt. Wer nicht mitgestaltet, der sollte sich über den „Werteverfall" nicht beschweren. Politiker haben die Möglichkeit, auf ihrer jeweiligen Ebene zu gestalten. Das ist häufig spannend, manchmal frustrierend, aber wenn ich mitwirken kann, die Welt nach Gottes Willen zu gestalten, ist das unter dem Strich doch befriedigend.

Das vorliegende Buch möchte Christen ermutigen, Verantwortung in der Gesellschaft zu übernehmen. Es ist mehr als ein Appell. Es wird grundlegend historisch und theologisch argumentiert, und Praxisbeispiele zeigen konkret, wie engagiertes und verantwortliches Handeln aussehen kann. Eine lohnenswerte und herausfordernde Lektüre.

Einleitung: der Glaube und die Politik

Welche gesellschaftliche und politische Verantwortung haben Christen? Darum geht es in diesem Buch. Es ist eine Reise in die Geschichte, denn wir werden sehen, wie evangelikale Christen in der Vergangenheit ihre politische und gesellschaftliche Verantwortung wahrgenommen haben.

Und wir wollen der Frage nachgehen, welchen – möglicherweise behindernden – Einfluss bestimmte theologische Überzeugungen auf das christliche Engagement in Politik und Gesellschaft hatten und noch haben.

Schließlich soll dieses Buch Christen zu einem verantwortungsvollen Engagement in Gesellschaft, Wirtschaft und Politik inspirieren und motivieren.

Als Mitarbeiter der Weltweiten Evangelischen Allianz (WEA) ist es mir ein persönliches Anliegen, dass Christen in den unterschiedlichen Bereichen der Gesellschaft Flagge zeigen und sich einbringen. In der Zusammenarbeit als Allianz unterschiedlicher Kirchen, Gemeinden, Werke und Organisationen haben wir die Möglichkeit, die Welt zu verändern – wenn wir denn wollen.

Da die WEA (engl. World Evangelical Alliance) gemeinhin als die Dachorganisation sogenannter „Evangelicals" (im Deutschen mit „Evangelikalen" übersetzt) gilt, habe ich in dem vorliegenden Buch diese Gruppierung besonders in den Fokus genommen.

Wenn man sich heute mit der christlichen und speziell der evangelikalen Sozialethik beschäftigt, steht man vor dem Problem, dass die Antworten auf aktuelle globale und gesellschaftliche Herausforderungen nicht immer unmittelbar aus dem Alten oder Neuen Testament ableitbar sind. Die biblische Basis für sozialethische und politische Entscheidungen dieser Art ist gering. Und wo es Anweisungen gibt, zum Beispiel aus der Sozialordnung Israels, sind diese nur schwer auf unsere gegenwärtige pluralistische Gesellschaft zu übertragen. Hat vielleicht gerade das evangelikale Bemühen um Bibeltreue manche Christen bislang daran gehindert, eine politische Theologie auszuarbeiten?

Auf der Suche nach Antworten lohnt es sich, bei einer früheren Generation „Evangelikaler" anzusetzen. Uns begegnen im frühen neunzehnten Jahrhundert bibeltreue Christen, die sich mit aller Kraft der Evangelisation und gleichzeitig gesellschaftlichen Reformen zuwandten, und zwar ohne einseitige Schieflagen. Oder denken wir nur an die ganze Geschichte christlich motivierter genossenschaftlicher Unternehmungen, die sich hinsichtlich Produktion und Konsum der Lebensbedürfnisse der Menschen annahmen. Klaus Bockmühl bemängelte seinerzeit, dass die Evangelikalen diese Initiativen zu Unrecht vergessen hätten.[1]

Der doppelte Auftrag

Die theologische Diskussion um die Zuordnung von sozialer Aktion und Wortverkündigung ist besonders unter dem Aspekt des Auftrags zur Evangelisation wichtig. Dabei soll hier jedoch nicht die Frage nach dem sozialen Engagement im Vordergrund stehen, sondern die Frage nach evangelikaler Beteiligung oder aber distanzierter Zurückhaltung im übergeordneten politischen Bereich.

Missionstheologisch spricht George Peters von *zwei Mandaten*, die beide in gleicher Weise gelebt und verkündigt werden müssen. Das *erste* Mandat galt Adam als dem Repräsentanten der Menschheit und betrifft die ganze Weite menschlicher Kultur. Der Mensch ist ein Geschöpf mit sozialen, religiösen und kulturellen Bedürfnissen, das sich der natürlichen und sozialen Aspekte des Lebens annimmt. Er kümmert sich etwa um Unterkunft, Arbeit, Politik, soziale und ethische Ordnung oder Bildung. Wir finden in der Bibel grundsätzliche Konzepte und Anweisungen für eine geordnete, fortschrittliche Gesellschaft, die auf den Grundsätzen einer gesunden Moral und eines ethischen Monotheismus aufgebaut ist. Die Bibel befasst sich durchaus mit dem sozialen und kulturellen Wohl. Auch nach dem Sündenfall bleibt für Peters der Mensch vor Gott verantwortlich für die moralischen und sozialen Strukturen der Gesellschaft, für sein Verhalten und für die Kultur, die er entwickelt.

Das *zweite* Mandat betrifft das Heil in Christus und findet Ausdruck im sogenannten Missionsbefehl. Es wurde den Aposteln als Repräsentanten der Gemeinde Jesu Christi übergeben und betrifft das ganze Gebiet des Evangeliums. Der Hauptakzent liegt auf der geistlichen Befreiung und Wiederherstellung des Menschen, ohne dass sein physisches und soziales Wohl übersehen wird. Gemeinsam dienen beide Mandate allen menschlichen Bedürfnissen. Dabei ist festzuhalten, dass das zweite Mandat das erste weder verneint noch überholt, noch verdoppelt oder absorbiert.

Die evangelikale Diskussion über das Verhältnis der beiden Mandate zueinander und das sozial- und gesellschaftspolitische Handeln der Christen erreichte 1974 mit dem *Internationalen Kongress für Weltevangelisation* in Lausanne einen ersten Durchbruch.

Im Blick auf die Missionstheologie war das 20. Jahrhundert sicher eine bewegende Epoche, in der man sich im Protestantismus von einer kolonialistischen Missionstheologie verabschiedet hat, in der sich evangelikale Missionstheologie neu in Abgrenzung zur ökumenischen Missionstheologie entwickelt und etabliert hat, und in der eben die Frage der Zuordnung von Wortverkündigung und sozialer Aktion in vielen Facetten diskutiert wurde. Könnte es jedoch sein, dass nach all diesen Entwicklungen Mission – ohne kolonialistische Mission zu sein – politiklos geworden ist?

Der Rückzug aus den gesellschaftlichen Bereichen des Lebens ist keine Antwort.

Sicher, Einigkeit besteht darin, dass Einmischung in die Politik nicht heißen kann, im Rahmen der Mission lediglich westliches Kulturgut zu exportieren. Allerdings ist der Rückzug aus den gesellschaftlichen Bereichen des Lebens auch keine Antwort. Ganz im Gegenteil. Wir müssen die christlich-apolitische Einstellung vor allem deshalb distanziert betrachten, weil dadurch entscheidende Bereiche des menschlichen Lebens dem Herrschaftsanspruch Gottes entzogen werden. Denn das eigentlich umstrittene Gebiet ist auch im Bereich der christlichen Verkündigung die politische Ethik. Selbst totalitäre Staaten geben oft Verkündigungsfreiheit, wenn die Kirche in „ihrem Bereich" bleibt und sich auf das „Jenseitige" beschränkt. Konfliktsituationen ergeben sich in der Regel erst dann, wenn Christen angesichts schlechter oder unglaubwürdiger Zustände in Staat und Wirtschaft um der Freiheit und Würde des Menschen willen den Mund auftun oder gar zum Widerstand ansetzen.[2]

Welche Rolle spielen Christen, wenn es um die Strukturveränderung einer Gesellschaft und die dazu notwendigen politischen Maßnahmen geht? Sollten sich Christen z. B. für die Wahrung der Sonntagsruhe, für die Eingrenzung der Pornografie, für Strafverfolgung bei Abtreibung, für ein offeneres Asylgesetz oder für eine gerechtere Weltwirtschaftsordnung einsetzen? Es ist in der evangelikalen Missiologie bislang nicht eindeutig beantwortet, ob wirklich an die Erlösung der ganzen Schöpfung oder nur an jene von Einzelnen geglaubt wird. Angesichts der missionarischen Ausrichtung evangelikaler Theologie werden wir auf diesen Sachverhalt im Folgenden ein besonderes Augenmerk legen.

Dabei soll es in diesem Buch nicht um eine „christliche Politik" gehen, sondern um die Frage nach der „politischen Verantwortung der Christen". Bis zur Reformation galten alle Lebensbereiche als Gottes Welt. Kirche und Staat waren nur verschiedene Aspekte des einen Volkes Gottes. Die Trennung des Heiligen vom Säkularen kam im ersten Schritt mit der Aufklärung im 18. Jahrhundert und verstärkte sich mit der Trennung von Staat und Kirche nach dem Ersten Weltkrieg.

Religion ist seitdem nur noch ein abgetrennter Sektor, eine Tätigkeit, die bloß einen Teilbereich des menschlichen Lebens ausmacht und nicht das Leben des ganzen Menschen in Beziehung zu Gott setzt. Jenseits der religiösen Umtriebe haben andere Gebiete wie Politik und Wirtschaft ihre vollkommene Autonomie erklärt.[3]

Und wie haben die Evangelikalen darauf reagiert? Kann es sein, dass sie diese Autonomie akzeptiert haben? War vielleicht die Ausbildung einer apolitischen Theologie ihre Antwort auf diesen philosophischen Paradigmenwechsel?

Begriffsklärung

Um diese Frage angemessen beantworten zu können, ist es wichtig, zunächst einmal die zentralen Begriffe „Politik" und „evangelikal" klar zu definieren, um Missverständnisse zu vermeiden.

Der Begriff *Politik* kommt aus dem Griechischen und verbindet die Begriffe *„polis"* (= Stadt) und *„politeia"* (= Bürgerrecht). Politik regelt allgemeine öffentliche Angelegenheiten mithilfe spezieller Einrichtungen und Maßnahmen. Das kann im überschaubaren Rahmen einer Stadt und eines Kreises geschehen, oder auch darüber hinaus auf der Ebene eines Landes oder einer internationalen Organisation.

Zwischen dem politischen Handeln und sozialen Diensten besteht ein gewisser Zusammenhang. Für Hartmut Weber[4] gehören zu den sozialen Diensten die Beseitigung menschlicher Not, philanthropische Aktivitäten, Hilfe für Einzelpersonen und Familien oder allgemeine Wohltätigkeit. Politisches Handeln beschäftigt sich demgegenüber mit der Beseitigung der Ursachen für menschliche Not, mit politischen und wirtschaftlichen Maßnahmen, mit der Veränderung von Gesellschaftsstrukturen und dem Ruf nach Gerechtigkeit. Entsprechend geht die christliche Sozialethik der Frage nach, welchen Beitrag das christliche Denken zur Gestaltung einer guten und gerechten Ordnung der Gesellschaft und demzufolge auch der politischen Situation leisten kann.[5]

Klärungsbedarf besteht auch bei dem Begriff *evangelikal*. Das hängt einerseits mit dem Gebrauch des Begriffs im angelsächsischen Sprachbereich zusammen, andererseits mit der Tatsache, dass der Begriff in Deutschland erst seit Mitte des 20. Jahrhunderts als Bezeichnung der „bibeltreuen Protestanten" verwendet wird.

Nach der Definition im Lexikon *Religion in Geschichte und Gegenwart (RGG)* bezieht sich der Begriff „evangelikal" zugleich auf eine Bewegung als auch auf eine Reihe von grundlegenden Lehren, wobei er sich im heutigen Sprachgebrauch meist auf „konservative protestantische Bekenntnisse bezieht, die persönlichen Glauben, biblische Autorität und Evangelisation" betonen.[6]

Im Laufe der Geschichte gab es verschiedene Ableger der evangelikalen Strömung: radikale Reformer im 16. Jahrhundert, Täufer und Mennoniten, Puritaner, Baptisten und Methodisten, die Erweckungsbewegungen des 19. und 20. Jahrhunderts, die 1846 in London gegründete Evangelische Allianz usw. Dabei wurde die evangelikale Bewegung im Laufe ihrer Entwicklung von Pietismus, Fundamentalismus[7] und Evangelischer Allianz geprägt, sodass in den Begriff „evangelikal" viele verschiedene theologische Prägungen und konfessionelle Strömungen einmünden. Nach Niels-Peter Moritzen[8] bezeichnet der Begriff „evangelikal" schon seit den frühen Erweckungen diejenigen Strömungen, die sich dem biblisch-reformatorischen Erbe verpflichtet wissen, eine persönliche, meist erweckliche Frömmigkeit pflegen und im Gegensatz zu hochkirchlichen und katholisierenden Strömungen stehen. Der Gegensatz hat sich mit dem Aufkommen der kritischen liberalen Theologie und des „sozialen Evangeliums" verschärft.

Auf die politische Einstellung bezogen ist übrigens die Gleichsetzung von evangelikalen Glaubensinhalten und rechtsgerichteter Politik, wie sie in den USA weitverbreitet ist, in Deutschland nicht zu erkennen.

> Im Gegensatz zu den amerikanischen Evangelikalen haben europäische Evangelikale politisch keine einheitliche Haltung.[9]

Unbestritten ist, dass Christen Verantwortung tragen. Doch wie weit reicht diese Verantwortung? Ohne Zweifel umfasst sie die Verkündigung des Evangeliums. Darüber hinaus auch das sozialdiakonische Engagement für die Gesellschaft, in der sie leben. Gehört aber auch das politische Engagement dazu? Sollen – oder müssen – evangelikale Christen sich in die politische Arbeit einbringen? Der Blick in die Geschichte wird zeigen, wie Christen in unterschiedlichen Zeiten diese Frage für sich in ihrem jeweiligen Lebensumfeld beantwortet haben.

Anhand biblischer Texte aus dem Alten und Neuen Testament soll sichtbar werden, dass politisches und gesellschaftliches Denken und Handeln keineswegs eine Erfindung der Neuzeit sind.

Vor dem Hintergrund theologischer Traditionen und Überzeugungen gilt es zu verstehen, was unser politisches Engagement als Christen fördert oder blockiert.

Am Ende werden unterschiedliche Lösungsansätze für ein gesellschaftspolitisches Engagement von Christen im Rahmen evangelikaler Theologie aufgezeigt.

All das soll dazu beitragen, dass Menschen, die sich als Nachfolger Jesu im 21. Jahrhundert verstehen, überrascht, herausgefordert und zu einem verantwortungsvollen missionarischen und gesellschaftspolitischen Handeln inspiriert werden.[10]

Lesetipps zur Vertiefung

- Roland Hardmeier: *Missionale Theologie: Evangelikale auf dem Weg zur Weltverantwortung*. Zürich: IGW, 2015.
- Derek J. Tidball: *Reizwort Evangelikal: Entwicklung einer Frömmigkeitsbewegung*. Dt. Ausg. Dieter Sackmann (Hg). Stuttgart: Anker, 1999.

1. Politik in der Bibel

Ein Blick in die evangelikale und vor-evangelikale Geschichte in Kapitel 2 und 3 wird zeigen, dass schon immer Christen neben der Verkündigung des Evangeliums auch ihre Verantwortung für die jeweiligen gesellschaftlichen und politischen Verhältnisse ihrer Zeit ernst nahmen. Daneben gab es aber auch stets Christen, die sich ganz einer gesellschaftspolitischen Verantwortung entzogen. Gerade im 20. Jahrhundert haben sich viele Evangelikale wohl die längste Zeit aus der gesellschaftlichen Diskussion zurückgezogen und sich für ein apolitisches Leben entschieden.

Bestimmte geschichtliche Ereignisse mögen hieran ihren Anteil haben. Es liegt allerdings auch die Vermutung nahe, dass ein gewisses Verständnis von biblischen Aussagen und theologische Schlussfolgerungen eine grundsätzlich apolitische Geisteshaltung begünstigen. Dem werden wir im Folgenden nachspüren.

Zunächst werden wir untersuchen, welche Hinweise und Leitlinien uns die Bibel zu gesellschaftspolitischen Themen liefert. Anhand einzelner Beispiele aus dem Alten und Neuen Testament werden wir sehen, inwiefern die Umsetzung des Willens Gottes politische und gesellschaftsverändernde Konsequenzen haben kann.

Das Alte Testament und die Politik

Biografische Vorbilder

Im Alten Testament gibt es zahlreiche Beschreibungen von Personen, die ihre unmittelbare Gottesbeziehung einbrachten in politisches und gesellschaftliches Engagement.

Dass diese beiden Bereiche zusammengehören, zeigt die Funktion der *Priester* im Alten Testament, die als Vermittler zwischen Gott und dem Volk fungierten. Ihre Aufgaben lagen sowohl im Bereich der Gestaltung des gottesdienstlichen Lebens als auch in der Verwaltung (z. B. Organisation der Freistädte), im Gesundheitswesen (z. B. Ausrottung der Plagen) und im sozialdiakonischen Engagement (z. B. Fürsorge für zerbrochene Familien). Sie trugen gleichzeitig Verantwortung für geistliche Belange, indem sie das Volk im Gesetz unterwiesen und den stellvertretenden Opferdienst am Tempel wahrnahmen, und für das gesellschaftliche Leben, indem sie schwierige Rechtsfälle zu entscheiden hatten (3Mose 8,1ff; 5Mose 17,8ff).

Als Wirtschaftsfachmann und Entwicklungshelfer wird *Joseph* in 1Mose 41–47 beschrieben. Durch seinen Glauben konnte er wirksame und lebensrettende Impulse in die ägyptische Wirtschaftspolitik einbringen. Besonders sein präventives Agieren half in den Zeiten der wirtschaftlichen Krise über einen Zusammenbruch der Nahrungsversorgung hinweg, sodass noch Menschen aus benachbarten Ländern Hilfe erfuhren. Als Sohn eines Viehzüchters wurde er über Nacht aus dem Gefängnis befreit und in das zweithöchste politische Amt in Ägypten befördert. Der Pharao gab dem damals 30-jährigen Joseph den ägyptischen Namen Zaphnath-Paaneach, welcher „Erhalter des Lebens" bedeutet.

In Josephs Geschick wurde die Vorsehung Gottes offenbar, der ihn durch tiefe Erniedrigung ganz nach oben führte. Dahinter stand der Plan Gottes, Israel am Leben zu erhalten und nach Ägypten zu führen, damit Israel dort in der Abgeschlossenheit des Landes Gosen zu einem großen Volk würde.

Die Geschichte Josephs war auch für Israel lehrreich. So wie Joseph Jahre der Gefangenschaft in Ägypten verbracht hatte, bevor er aus dieser errettet wurde, so waren auch die Nachkommen Jakobs dort in Gefangenschaft und wurden dann daraus befreit. Josephs Glaube wurde durch die Züchtigung geprüft und der Glaube des Volkes durch seinen Aufenthalt in Ägypten, um es zu bewahren und zu erziehen.[11]

Ein weiteres alttestamentliches Beispiel ist die Person *Jona*. Er hatte von Gott den Auftrag erhalten, Ninive, der Hauptstadt Assyriens, das Gericht zu verkündigen (Jona 1,2). Die Existenz von 120.000 Menschen war gefährdet. Seine Verkündigung als Gesandter Gottes traf so sehr die Situation dieser Stadt, dass selbst ranghöchste Politiker der Stadt in „Sack und Asche" gingen und Veränderung in Ninive geschah. König und Einwohner nahmen die Gerichtsbotschaft an, fasteten in Trauerkleidung, riefen zum Herrn und wandten sich von ihrem Unrecht ab. Durch diese Veränderung konnte Ninive weiterbestehen und wurde vor der Vernichtung bewahrt.

Gottes Fürsorge gilt auch den heidnischen Völkern.

Der Bericht über Jonas Sendung nach Ninive und die damit verbundenen Begebenheiten richtete sich eigentlich an das israelitische Volk. Das Buch wurde nicht einfach um der historischen Erzählung willen geschrieben, sondern es enthielt darüber hinaus eine Botschaft an das Nordreich Israel. Das Anliegen war offensichtlich, den Israeliten Gottes Fürsorge für die heidnischen Völker deutlich zu machen. Die Liebe des Herrn zu allen Menschen sollte durch Israel, Gottes auserwähltes Volk, verkündet werden. Das Buch Jona sollte deshalb Israel an seinen missionarischen Auftrag erinnern.[12] Als Jona nach Ninive ging, um den Menschen dort Gericht und Buße zu verkündigen, folgte er einem großartigen, alttestamentlichen Prinzip. Wie er waren die Propheten des Alten Testaments immer wieder das Gewissen ihrer eigenen Gesellschaft und das der übrigen Welt.

Nehemia 1 beschreibt die Entwicklung *Nehemias* von der persönlichen Betroffenheit über Buße und Fürbitte hin zum konkreten politischen Handeln. Er war Mundschenk des Perserkönigs Artaxerxes und wurde 445 v. Chr. auf begrenzte Zeit als persönlicher Statthalter nach Judäa gesandt, um die Stadtmauer Jerusalems wieder aufzubauen (Neh 2,5-9). Mit ungewöhnlicher Energie und Umsicht gelang es Nehemia, die Mauer in 52 Tagen wiederherzustellen (Neh 6,15).

Daran schloss sich die Vollendung der geistlichen Reform durch Esra an, die in der Erneuerung des Bundes ihren Ausdruck fand (Neh 9-10). Als es Nehemia gelang, trotz der Widerstände von außen und vielfacher Schwierigkeiten im Innern (vgl. Neh 3,33ff; 5,1ff) seine Aufgabe mit Tatkraft, Geschick und Weisheit in erstaunlich kurzer Zeit zu vollenden, bedeutete das eine entscheidende Stärkung des jüdischen Selbstbewusstseins. Dem folgte die Selbstbesinnung der Juden auf der Grundlage ihrer Existenz als Gottesvolk. Aus dem gemeinsamen Wirken der beiden Männer Esra und Nehemia erwuchs so die Grundlage des Judentums. All das geschah innerhalb des ersten Jahres der Statthalterschaft Nehemias. Von seiner weiteren Tätigkeit ist bekannt, dass er nach dem Aufbau der Mauer 12 Jahre (bis 433 v. Chr.) zur Berichterstattung am persischen Hof tätig war, dann aber wieder nach Jerusalem zurückkehrte (Neh 13,6f) und hier inzwischen eingerissene Missstände beseitigte.[1313]

Als weiteres Beispiel dient Esther, die verwaiste Tochter eines Diasporajuden (Est 2,6). Als der persische König Ahasveros (Xerxes I., 485–465 v. Chr.) seine Gemahlin Vasthi verstieß (Est 1,12ff), wurden ihm viele junge Mädchen an ihrer Stelle zur Wahl angeboten (Est 2,2.8). Esther erwarb die Gunst des Königs und wusste durch Klugheit und Umsicht einen Anschlag des Großwesirs Haman zu vereiteln, der als allmächtiger Günstling des Königs die Juden in Persien ausrotten wollte (Est 3,6). Durch eine „freie Wahl" kam sie auf den Königsthron und wurde in dieser Position zur Retterin des jüdischen Volkes.

Jede „Begabung" kann uns Wege
zum Einsatz für Gott öffnen.

Man kann also schlussfolgern: Von Gott gegebene äußerliche Schönheit, Begabungen oder Kompetenzen können uns in bestimmte – auch säkulare – Positionen bringen, sodass wir dort Einfluss nach seinem Willen ausüben können! Jede „Begabung" kann uns Wege zum Einsatz für Gott öffnen. Dabei bleibt immer noch die Anfrage an unsere Courage, ob wir das dann, so wie Esther, auch tun. Es war nicht ungefährlich, dass sie ungefragt beim König vorsprach.

Auch wenn im biblischen Buch Esther der Gottesname nicht explizit genannt wird, so spricht doch das ganze Buch von göttlichen Führungen durch die Geschichte (Est 2,2ff; 5,1ff). Nach John A. Martin wurde das Buch Esther verfasst, um den Israeliten zu zeigen, dass Gott zu ihren Gunsten wirkte – sogar durch einige Juden, die sich geweigert hatten, in ihr Land zurückzukehren. Das Buch Esther entstand zu einer Zeit, als die Juden in Palästina unter großen Schwierigkeiten versuchten, ihr Volk wiederherzustellen und den Gottesdienst im Tempel wieder einzuführen. Es hatte sie 21 Jahre gekostet, den Neubau des Tempels zu vollenden (536–515 v. Chr.) und das Volk war, wie die zweite Hälfte des Buches Esra belegt, während der Herrschaft des Artaxerxes (464–424 v. Chr.) geistlich in keinem guten Zustand. Das Buch Esther muss also eine großartige Ermutigung für die kämpfenden Israeliten gewesen sein. Ferner ermutigte es sie, den Gott Israels anzubeten und ihm zu dienen. Darin wird auch die missionarische Dimension Esthers und ihres Berichtes deutlich.[14]

Im Alten Testament ist in Analogie zum Handeln Gottes auch davon die Rede, dass Menschen für das Recht sorgen. Es ist zunächst die Aufgabe des Königs, Recht und Gerechtigkeit zu schaffen, so wie es von David (2Sam 8,15) und von Josia (Jer 22,15) gesagt wird. In Spr 29,4 heiß es: „Ein König richtet das Land auf durchs Recht."

Diese Auswahl alttestamentlicher Beispiele zeigt, dass Gott Menschen befähigt und gebraucht, um an entscheidenden Positionen eines Landes sein Recht aufzurichten. Auch die Gestaltung politischen und gesellschaftlichen Lebens kann zur Durchsetzung des Willens Gottes dienen.

Gesellschaftspolitik als Thema

Neben den biografischen Zeugnissen für gesellschaftspolitisches Handeln im Alten Testament finden wir auch vielfältige Aussagen und Anweisungen, die unmittelbar zu politischem Handeln auffordern oder mittelbar auf eine gesellschaftliche Einflussnahme hinweisen. In diesen Texten spiegelt sich im beschriebenen oder befohlenen Handeln die „politische Intention" Gottes wider:

Beginnend mit der Schöpfung wird von Anfang an dem Menschen der Auftrag gegeben, die Erde zu „bebauen und bewahren" (1Mose 2,15). Zu dieser Gestaltung der Schöpfung gehört auch die Art und Weise, wie die Menschen zusammenleben und miteinander umgehen.

Zwar ändern sich die Bedingungen der sozialen gesellschaftlichen Mitwirkung, aber der Grundauftrag bleibt. Der gottesfürchtige Mensch sieht demzufolge sowohl die ökologischen wie auch die ökonomischen Faktoren seines Umfeldes aus dem Blickwinkel der geschaffenen Welt Gottes und sorgt im Rahmen seiner Möglichkeiten für den Erhalt und die Bewahrung dieser Welt.

„Suchet der Stadt Bestes!" (Jer 29,7)

In diesen Zusammenhang gehört auch die Anweisung Gottes an das Volk Israel in Jer 29,5-7:

Baut Häuser und wohnt darin; pflanzt Gärten und esst ihre Früchte; nehmt euch Frauen und zeugt Söhne und Töchter, nehmt für eure Söhne Frauen, und gebt eure Töchter Männern, dass sie Söhne und Töchter gebären; mehret euch dort, dass ihr nicht weniger werdet. Suchet der Stadt Bestes, dahin ich euch habe wegführen lassen, und betet für sie zum Herrn; denn wenn's ihr wohlgeht, so geht's auch euch wohl.

Bemerkenswert ist, dass Gott durch den Propheten den Auftrag gibt, für diese Stadt zu beten und das Beste für sie zu suchen, obwohl die Stadt selbst oder ein Großteil ihrer Bevölkerung gottlos ist. Außerdem erfolgt dieser Auftrag in der Situation des Exils, sodass in diesem Fall keine natürliche Verbundenheit mit der Stadt gegeben ist. Schließlich verknüpft Gott das Schicksal der Stadt mit dem persönlichen Schicksal jedes einzelnen Bürgers und Bewohners.

Die *Zehn Gebote* in 2Mose 20 und die darauf folgenden Rechtsordnungen für das Volk Israel (2Mose 20,1-23,9) müssen ebenfalls als Ausdruck „politischer" Anweisungen für das Zusammenleben von Menschen innerhalb eines Volkes gesehen werden. So finden sich im alttestamentlichen Gesetz eine Reihe konkreter Formen von Ausbeutung, die nicht im Volk Gottes akzeptiert oder ausgelebt werden dürfen:

- Dem Armen, der leihen muss, durch Wucherzins zu Schaden zu bringen (2Mose 22,24), ähnlich dem Zinsverbot innerhalb der israelitischen Volksgemeinschaft).
- Dem, der sein Kleid verpfändet hat, es am Abend (wenn er es nach dem Empfang des Tagelohnes wieder einlösen möchte) vorzuenthalten (2Mose 22,25 – um eine längere Verzinsungsfrist herauszuholen; der Arme aber, um sich damit zuzudecken).
- Rechtsbeugung gegenüber den Schwächeren (5Mose 24,17.19).
- Lohnschinderei, Verzug der Lohnauszahlung (um noch ein paar Zinspunkte mehr herauszuholen) – Dies ist ein in vielen sozialkritischen Kapiteln des Alten Testaments gerügtes Übel (5Mose 24,14; Jer 22,13ff).
- Das völlige Abernten der Felder, Obstbäume und Weinstöcke (5Mose 24,19ff), denn das bedeutet, dem Ärmsten um des eigenen Gewinnes willen eine Nahrungsquelle zu verstopfen.

Diese wirtschaftliche Dimension wird auch in Amos 8,4-6 deutlich, wo von betrügerischen Maßen und Gewichten im Lebensmittelgeschäft,

Minderung der Warenqualität zur Erzielung höherer Rendite und dem willkürlichen Heraufsetzen der Preise die Rede ist.

Im Buch Jesaja wird das Volk Gottes sowohl im privaten wie im öffentlichen Leben dazu aufgerufen, sich an Gottes Vorstellungen von sozialer Gerechtigkeit zu orientieren und diesem Anspruch Rechnung zu tragen.

Lass los, die du mit Unrecht gebunden hast, lass ledig, auf die du das Joch gelegt hast! Gib frei, die du bedrückst, reiß jedes Joch weg! (Jes 58,6f)

Lernet Gutes tun, trachtet nach Recht, helft den Unterdrückten, schaffet den Waisen Recht, führet der Witwen Sache! (Jes 1,17).

Diese Stellen aus dem Propheten Jesaja werden im Neuen Testament in Mt 25,31-46 in Erinnerung gerufen. Es geht im dortigen Zusammenhang um die Beschreibung der Kriterien, die bei dem kommenden Weltgericht angelegt werden. Hier zeigt sich, was in Jesu Augen wichtig ist.

Allerdings wird bei Matthäus die Verantwortung des Gläubigen noch erweitert. Neben der Fürsorge für Nahrung, Wohnung, Kleidung und Obdach sollen auch noch Gemeinschaft gewährt und Kranke und Gefangene besucht werden.

Ein weiteres bedeutsames Themengebiet ist das Zusammenspiel von Macht und Freiheit: Die Propheten warnen die Mächtigen davor, ihre eigene Macht zu missbrauchen, sich auf politische Machtspiele einzulassen oder sich auf die eigene militärische Abwehrkraft zu verlassen, wenn es um Israels Existenz geht (vgl. Jes 7,1-9).

Machtmissbrauch führt oft zu Unterdrückung und Unfreiheit. Wo Menschen heute die irdische Befreiung im zwischenmenschlichen Verhältnis einfordern, lässt sich das sehr direkt aus dem Alten Testament begründen.[15] So bestimmt beispielsweise das Bundesbuch, dass der israelitische Knecht im Sabbatjahr freizulassen sei (2Mose 21,2). Von derselben Forderung auf Befreiung ist in Jer 34 die Rede. Dort wird kritisiert, dass die Besitzenden nur dann die Freiheit gewähren, wenn sie bedrängt sind; sobald die Bedrohung jedoch vorbei ist, wird den anderen die Freiheit wieder genommen.

Überhaupt wird die Rechtmäßigkeit der Herrschaft von Menschen über Menschen grundsätzlich infrage gestellt, weil sie den Blick für Gott als den eigentlichen Herrscher trübt (1Sam 8,7).

Das Neue Testament und die Politik

Das Beispiel Jesu

Ein Großteil der Aktivitäten Jesu und seiner Apostel spielte sich in aller Öffentlichkeit ab. Jesus konnte sich in die Einsamkeit zurückziehen und leidenschaftlich beten, doch mit der gleichen Leidenschaft und Hingabe lebte und wirkte er mitten in seiner Gesellschaft. Jesus selbst ist es, der „nicht gekommen ist, dass er sich dienen lasse, sondern dass er diene" (Mt 20,28).

In Mt 10 wird beschrieben, wie Jesus seine zwölf Jünger aussendet. Er gibt ihnen einen Doppelauftrag, und der „Dienst am Menschen" wird die zweite Tätigkeit neben der Verkündigung und Lehre, also neben dem „Dienst am Wort". Beide Elemente gehören zusammen, und deshalb begegnet uns dieses Prinzip auch wieder bei den ersten Christen in Jerusalem (Apg 6). Der Dienst dient der Existenzsicherung des Nächsten und macht sich dessen Lebenserhaltung zur Aufgabe.[16] Es geht um „Erste Hilfe", wie Jesu Gleichnis vom barmherzigen Samariter als Illustration seiner Vorstellung von Nächstenliebe verdeutlicht. In dieser Hinsicht korrelieren 3Mose 25 und Lk 10, denn in beiden Fällen besteht Liebe konkret im Dienst des Aufrichtens und der Lebenserhaltung.

Darüber hinaus muss an die Bergpredigt Jesu gedacht werden (Mt 5–7), sowie an die Goldene Regel in Mt 7,12, an das Doppelgebot der Gottes- und Nächstenliebe (Mt 22,37–40) und an die Auslegung seines Verständnisses von Nächstenliebe im Gleichnis vom barmherzigen Samariter.

Matthäus fasst das geistliche Amt Jesu auf Erden folgendermaßen zusammen: „Und Jesus zog umher in ganz Galiläa, lehrte in ihren Synagogen und predigte das Evangelium von dem Reich und heilte alle Krankheiten und Gebrechen im Volk" (Mt 4,23). Es ist leicht zu erkennen, dass dieses Erlösungskonzept den ganzen Menschen betrifft, und nicht einfach auf die Vergebung der Sünden und die Versicherung des ewigen Lebens mit Gott im Himmel beschränkt sein kann. Padilla schreibt: „Eine umfassende Missionstätigkeit entspricht einer umfassenden Betrachtung des Heils."[17]

Nach Mt 7,21.24; 24,46 und Jak 1,22 ist das Handeln des Menschen von entscheidender Bedeutung. Und dieses Handeln am anderen Menschen wird treffend durch den Begriff „Diakonie" ausgedrückt.

Jesus verstand sich als Diakon (Mk 10,45) und seine Sendung kann auch unter dem Begriff „Diakonie" zusammengefasst werden (Mt 20,25ff). Er nahm sich ganzheitlich der Menschen in ihrer leiblichen und psychischen Not an. Beides gehörte für ihn untrennbar zusammen, wie es auch dem Verständnis seiner Zeit entsprach: Inneres und äußeres Heil können nicht voneinander getrennt werden.[18] Deshalb gehörten in die Diakonie Jesu gleichzeitig das Heilen und das Verkündigen.

Jesu Opfertod ist die tiefste Begründung und Inkraftsetzung von Diakonie (Phil 2,5-11). Er kam, um zu dienen.

Wie eng im Leben Jesu die Pläne und das Wirken Gottes mit den politischen und gesellschaftlichen Gegebenheiten verzahnt sind, zeigt sich besonders eindrücklich an den Umständen seines Todes. Gott bediente sich der politischen und religiösen Gegebenheiten, um seinen Heilsplan zu vollenden. Dazu gehörten die in ihrer Macht und Ohnmacht gefangenen Politiker Herodes und Pilatus ebenso wie die von ihren religiösen Konzepten und Ängsten getriebenen Pharisäer und Sadduzäer. Alle Akteure waren letztlich jedoch nur Werkzeuge in den Händen Gottes, der einen anderen Zweck verfolgte, als es ihnen in der Situation bewusst war. Weltgeschichte wird zur Heilsgeschichte und umgekehrt. Das wird nicht zuletzt dokumentiert im Text des Titulus, der Tafel am Kreuz: Jesus von Nazareth, der König der Juden (Joh 19,19). Während der Eine seinen geistlichen Sieg erringt, glauben die anderen, einen gefährlich erscheinenden Messiasprätendenten aus Galiläa zu beseitigen, um dadurch die eigene Herrschaft in Palästina zu sichern.[19]

Weltgeschichte wird zur Heilsgeschichte und umgekehrt.

Jesu Missionsbefehl nach seiner Auferstehung umfasst nicht nur den Verkündigungsauftrag, sondern auch den Diakonieauftrag (Mt 10,5ff; 28,18-20; Joh 20,21).

Über den diakonischen Dienst am anderen Menschen hinaus kann sowohl im Lobgesang der Maria (Lk 1,46ff) als auch in der Predigt Jesu in Nazareth (Lk 4,18 mit dem Zitat aus Jes 61,1-29) der politische Aspekt erkannt werden, denn der Friede (Schalom) hat durch die Inkarnation Jesu „Erdenhaftigkeit" bekommen (Lk 2,14: „… und Frieden auf Erden").

Jesus fordert seine Gemeinde auf, ihr Leben im Kontrast zur gesellschaftlichen Handlungsnorm und zum sonst in der Welt Üblichen zu gestalten:

> „Da rief Jesus sie zu sich und sprach zu ihnen: Ihr wisst, die als Herrscher gelten, halten ihre Völker nieder, und ihre Mächtigen tun ihnen Gewalt an. Aber so ist es unter euch nicht; sondern wer groß sein will unter euch, der soll euer Diener sein; und wer unter euch der Erste sein will, der soll aller Knecht sein."
> (Mk 10,42-44)[20]

Am Beispiel des Lebens und Wirkens Jesu ist erkennbar, wie gesellschaftliche Einflussnahme bis hin zu politischer Aufmerksamkeit allein durch Lebensstil, der sich von der Umwelt abhebt, und Integrität in Reden und Handeln erreicht werden kann.

Im Folgenden soll nun untersucht werden, ob es eine dezidierte Politik Jesu gab oder sich zumindest politische Leitlinien aus der Verkündigung Jesu ableiten lassen.

Die Politik Jesu

Machte Jesus Politik? Diese Frage wird kontrovers diskutiert und der jeweilige Standpunkt hängt auch davon ab, wie man Jesu Worte und Dienst deutet. John Howard Yoder führt in seinem Buch *Die Politik Jesu* vier Argumente an, die gegen ein politisches Programm von Jesus sprechen. Er schreibt[21]:

- Jesu Ethik ist eine Ethik für ein „Interim", für eine kurze Übergangszeit. Der apokalyptische Bergprediger braucht sich nicht um das Überleben fester Gesellschaftsstrukturen zu kümmern, da er meint, die Welt nähere sich ihrem baldigen Ende. Seine ethische Lehre kümmert sich daher logischerweise nicht um das Überlebensbedürfnis der Gesellschaft und die geduldige Konstruktion dauerhafter Institutionen.[22]
- Jesus war, wie seine franziskanischen und tolstoianischen Nachahmer gesagt haben, eine einfache ländliche Gestalt. Er sprach über die Spatzen und die Lilien zu Fischern und Bauern, Aussätzigen und Ausgestoßenen. Seine radikale Personalisierung aller ethischen Probleme ist nur in einer Dorfgesellschaft möglich, wo die kulturellen Voraussetzungen gegeben sind, dass jeder jeden kennt und als Person behandelt. Das schlichte „Von-Angesicht-zu-Angesicht-Modell" der sozialen Beziehung ist das Einzige, das ihn beschäftigte. Es gibt also in der Ethik Jesu keine Intention, Wesentliches zu den Problemen komplexer Organisationen, zu Institutionen und Ämtern, Macht und Massen zu sagen.
- Jesus und seine ersten Nachfolger lebten in einer Welt, auf die sie keinen Einfluss hatten. Es ist daher einleuchtend, dass sie sich keine andere Art sozialer Verantwortung vorstellen konnten, als die, einfach eine gläubige, bezeugende Minderheit zu sein.
- Das Wesen der Botschaft Jesu ist ahistorisch per Definition. Sie handelt von geistlichen und nicht von sozialen Angelegenheiten. Was immer Jesus auch von sozialer und ethischer Bedeutung sagte oder tat, darf nicht für sich selbst betrachtet werden, es muss vielmehr als die symbo-

lische oder mythische Einkleidung seiner geistlichen Botschaft verstanden werden.

Auf diese Argumentation gründet sich nun die Behauptung, Jesus habe selbst überhaupt keine relevante Sozialethik praktizieren oder lehren können.

Wie kommt es aber dann, dass viele Juden genau das von ihm dachten und ihn gerade aus diesem Grund verurteilten? Sollten sie ihn derart missverstanden haben? Denn das Zeugnis des Evangeliums besagt, dass der, dessen Geburt angekündigt wird, ein Urheber radikalen sozialen Wandels sein wird. Dieses wird auch im bekannten Magnifikat Marias (Lk 1,46ff, ELB) deutlich:

… Er hat Macht geübt mit seinem Arm; er hat zerstreut, die in der Gesinnung ihres Herzens hochmütig sind. Er hat Mächtige von Thronen hinabgestoßen und Niedrige erhöht. Hungrige hat er mit Gütern erfüllt und Reiche leer fortgeschickt …

Wenn man also die Worte und Taten Jesu ausschließlich vergeistigt, müsste man auch das, was Zacharias (Lk 1,71.74) und Johannes (Lk 3,9.17) über den Auftrag Jesu aussagen, als rein geistig und ohne gesellschaftspolitische Relevanz aussortieren.

Noch schwieriger verhält es sich mit dem, was Jesus in der Synagoge von Nazareth für sich selbst und seinen Dienst in Anspruch nimmt (Lk 4,18f). Die Textlesung aus dem Jesajabuch liest sich wie ein politisches Grundsatzprogramm – und als solches wurde es wohl auch von seinen Zuhörern verstanden:

Der Geist des Herrn ist auf mir, weil er mich gesalbt hat, Armen gute Botschaft zu verkündigen; er hat mich gesandt, Gefangenen Freiheit auszurufen und Blinden, dass sie wieder sehen, Zerschlagene in Freiheit hinzusenden, auszurufen ein angenehmes Jahr des Herrn.[23]

Könnte es sein, dass Jesus hier in Nazareth den Anbruch eines Jubeljahrs nach den Vorschriften des Sinaibundes proklamierte?

Mindestens einmal im Jahr wurde diese Vision des Jubeljahres, auf die sich die Aussage Jesu bezieht, in Israel als konkrete Erfahrung lebendig. Bei dieser Vision geht es um die Erneuerung des Gottesvolkes. Als solches werden zwei Aspekte angesprochen: die konkrete Erneuerung, die gelegentlich in der Vergangenheit geschehen und jetzt noch möglich ist, und auch die Erneuerung nach dem Ende der Zeiten. Beides vollzieht sich in Form des Jubeljahres.

Zeit zum Jubeln

Das Sabbatjahr und das Jubeljahr sind Ordnungen, die dem Volk Israel schon vor dem Einzug in das verheißene Land befohlen wurden (3Mose 25). Als Sabbatjahr sollte dabei jedes siebte Jahr gelten. In diesem Jahr waren Saat und Ernte verboten. Nach sieben Sabbatjahren, also im 50. Jahr, sollte zusätzlich ein sogenanntes Jubeljahr oder Erlassjahr gehalten werden.

Für das Jubeljahr galten folgende vier Vorschriften: 1. der Boden liegt brach, 2. Schulden werden erlassen, 3. Sklaven werden befreit und 4. der Familienbesitz wird an jeden Einzelnen zurückerstattet.

In der Verkündigung Jesu begegnen uns viele Anspielungen auf die großen Themen jenes Ereignisses.

Wenn er seine Jünger aufforderte, sich keine Sorgen darüber zu machen, was sie essen oder trinken würden (Lk 12,29ff), dann weiß er, dass Gott in seinem anbrechenden Reich ebenso für sein Volk sorgen wird, wie es dem Volk Israel bei der Einsetzung des Sabbatjahres versprochen wurde (3Mose 25,20f).

Die zweite Vorschrift des Jubeljahres ist verknüpft mit der Bitte im Vaterunser: „Vergib uns unsere Schuld, wie auch wir vergeben unseren Schuldigern" (Mt 6,12). Im Griechischen bezeichnet das Wort „*opheilema*", das hier mit „Schuld" übersetzt wird, finanzielle Schuld im materiellsten Sinne des Wortes. Im Vaterunser empfiehlt Jesus also nicht vage, denen zu vergeben, die uns geärgert oder Leid zugefügt haben, sondern er sagt einfach klar, dass denen, die Schulden haben, ihre Schuld erlassen werden. Er fordert eigentlich dazu auf, das Jubeljahr zu praktizieren. Für das Wort „Vergebung" gebraucht Jesus das Verb *„aphiemi"*. Es bedeutet „erlassen, fortschicken, freilassen, eine Schuld vergeben" und tritt regelmäßig in Verbindung mit dem Jubeljahr auf. Das Vaterunser ist also ein echtes Jubeljahrgebet. Es drückt aus, dass die Zeit gekommen ist, dass die Gläubigen alle Schulden, die die Armen Israels bedrücken, abschaffen; denn auch ihre eigenen Schulden bei Gott sind getilgt. Jesus verknüpft die Praxis des Jubeljahres mit der Gnade Gottes.

Das Vaterunser ist ein echtes Jubeljahrgebet.

Befreiung und Wiederherstellung sind Themen, die sich durch den gesamten Dienst Jesu hindurchziehen: Befreiung von Krankheit, Besessenheit, Schuld. „Wenn euch nun der Sohn frei macht, so seid ihr wirklich frei" (Joh 8,36). Das Jubeljahr ist ein wunderbarer Vorgeschmack auf das Reich Gottes.

Vor diesem Hintergrund liegt es nahe, dass Jesus während seiner Predigt in Nazareth tatsächlich ein Jubeljahr nach den mosaischen Sabbatvorschriften proklamiert hat: ein Jubeljahr, das in der Lage war, die sozialen Probleme Israels durch Schuldenerlass und durch die Befreiung von Schuldnern, deren Zahlungsunfähigkeit sie zur Sklaverei erniedrigt hatte, zu lösen. Das Jubeljahr zählte zu den Vorzeichen des Gottesreiches.

Eine solche Neuverteilung des Kapitals, alle fünfzig Jahre im Vertrauen auf den gerechten Willen Gottes und in Erwartung seines Reiches vorgenommen, wäre auch heute nichts Utopisches. Viele blutige Revolutionen wären vermieden worden, hätte die Kirche die Jubeljahrvorschriften aus dem Gesetz des Mose besser beherzigt als Israel.

Der Provokateur

Neben der Jubeljahrthematik liefern etwa auch die Perikopen in Lk 19,47–22,2 zahlreiche Hinweise darauf, dass Jesus in einer politischen Dimension gesehen wurde und agierte. Jede der Perikopen reflektiert auf irgendeine Weise die Konfrontation zweier sozialer Systeme und Jesu Ablehnung des Status quo.

So ist es nur schwer einzusehen, wie die Frage nach den Steuern in Lk 20,20ff. als echte Fangfrage hätte fungieren können, wenn die Frager nicht Jesu Ablehnung der römischen Besatzung als selbstverständlich vorausgesetzt hätten. Allein die Tatsache, dass man gegenüber Jesus ausgerechnet das Thema Steuern ansprach, zeigt die Unzulänglichkeit eines „vergeistlichten" Jesus-Bildes. Im Kontext seiner Antwort bedeutet „das, was Gottes ist" offensichtlich nichts „Geistliches". Die Zuordnung „dem Kaiser, was des Kaisers ist, und Gott, was Gottes ist" verweist vielmehr auf Forderungen oder Vorrechte, die sich überschneiden oder miteinander konkurrieren, sodass die Notwendigkeit besteht, sie voneinander zu trennen. Die Bereiche Cäsars und Gottes liegen nicht auf verschiedenen Ebenen, sodass es nie zu einem Zusammenstoß kommen könnte, denn beide befinden sich „in derselben Arena"[24].

Im Zusammenhang mit der Kreuzigung Jesu sind besonders die Inschrift am Kreuz und die Lästerung der Soldaten hinsichtlich seiner politischen Bedeutung aufschlussreich. Beide zielen auf sein Königtum und darauf, dass er sich nicht selbst rettet. Jesus wurde somit gegen einen Zelotenführer eingetauscht und als „König der Juden" zu Tode gebracht. Das ist wiederum einer der Punkte, an dem die spiritualistisch-apolitische Exegese immer betont hat, die Juden oder die Römer oder die zelotisch gesinnten Bürger hätten Jesus falsch verstanden. In Wahrheit habe er die etablierte Ordnung nie behelligen wollen. Deshalb müsse die Illegalität des Vorgehens gegen ihn und die Unrichtigkeit der Beschuldigung demonstriert werden.

Wäre diese Annahme zutreffend, müsste erklärt werden, warum ein apolitischer Jesus ausgerechnet in solcher Weise missverstanden werden konnte und wieso er nicht energisch gegen eine derartige Fehlinterpretation seiner Absichten anging. Da ist es viel naheliegender, dass die Ereignisse im Tempelhof und die von Jesus gebrauchte Sprache eine bewusste Herausforderung des politischen Establishments sein sollten. Die jüdischen und römischen Autoritäten verteidigten sich gegen eine reale Bedrohung.

Es ist vielleicht bezeichnend, dass jeder Versuch hypothetischer Rekonstruktion dahin tendiert, die ökonomisch-politische Bedrohung der Römer durch Jesus ernster zu nehmen als es die traditionelle kirchliche Interpretation tut. Entscheidend ist nicht, ob die juristische Prozedur in Ordnung war oder auch ob die jüdischen Institutionen Teilverantwortung trugen. Es reicht der Nachweis, dass Jesu öffentliche Karriere die Vermutung rechtfertigt, er habe für das Römische Reich eine so offensichtliche und ernsthafte Bedrohung dargestellt, dass dies seine Hinrichtung rechtfertigte. Yoder schreibt: „Jesus war nicht einfach ein Moralist, dessen Lehren zufällig auch einige politische Implikationen enthielten. Er war nicht in erster Linie ein Lehrer von Spiritualität, dessen öffentliches Wirken unglücklicherweise in einem politischen Licht gesehen wurde."[25]

Wenn wir Jesus als den Messias bekennen, können wir sein Handeln und Reden nicht von der sehr realen Erwartung an den Messias und das kommende Gottesreich entkoppeln. Indem man nämlich eine Position „apolitisch" nennt, leugnet man, welche machtvolle Wirkung die Gründung einer alternativen sozialen Gruppe auf die Gesellschaft hat. Gleichzeitig überschätzt man die Macht und die Handhabbarkeit jener Strukturen, die gemeinhin politisch genannt werden.

Weil der besondere Weg Jesu in der Ablehnung des Schwertes und Verurteilung derer, die es führen, politisch relevant war, mussten ihm sowohl der Sanhedrin wie der Prokurator im Namen ihrer jeweiligen politischen Verantwortung das Lebensrecht verweigern. Seine Alternative war so relevant und bedrohlich, dass Pilatus es sich leisten konnte, im Austausch für Jesus den „normalen" Freiheitskämpfer Barrabas freizulassen.[26]

War Jesus politisch? David Bosch ist der Meinung, dass Gottes Herrschaft durchaus etwas mit Politik zu tun hat, wenn auch nicht im modernen Sinn des Wortes. Für ihn finden wir in der Herrschaft Gottes, wie sie sich in Christus manifestiert, keine expliziten Anweisungen, um „das richtige politische System, die ideale ökonomische Ordnung, eine gerechte nationale Arbeitsmarktpolitik oder die richtigen Beziehungen mit ausländischen Mächten zu finden."[27]

Wenn man im engeren Sinne Politik als die Kunst des Regierens versteht, dann war Jesus sicher kein Politiker, denn er hat keine politische Partei gegründet, sich kein politisches Programm zu eigen gemacht und keine politischen Protestaktionen organisiert. Im umfassenderen Sinne aber war alles, was er gesagt und getan hat, politisch, denn es zielte auf das Zusammenleben in Gemeinschaft ab.

Die ersten Christen

Politische Erwägungen spielen bereits zu Beginn der christlichen Theologie bei Paulus eine große Rolle. Um dem Evangelium zum Durchbruch zu verhelfen, musste er sich mit den politischen und geistigen Mächten seiner Zeit, der Macht Israels und der Macht Roms, auseinandersetzen. Hier wurde bereits der Grundstein dafür gelegt, dass das Christentum in der Spätantike die politische Szene verändern konnte.[28]

Die Mahnung des Apostels Paulus, dass die Christen sich tatkräftig für das Gemeinwohl einsetzen sollen, fand große Beachtung: „Erinnere die Christen daran, dass sie sich dem Staat und allen Regierenden unterzuordnen haben. Sie sollen die Gesetze des Staates befolgen und sich tatkräftig für die Menschen einsetzen" (Tit 3,1; HFA).

Die öffentlichen Stellungnahmen zu Götzendienst, Wahrsagerei, Unmoral und Korruption im Staat waren streng genommen politische Aussagen. Nicht zuletzt hatten die Christen ihre eigenen sozialen Hilfsprogramme für die Armen und kümmerten sich um Witwen und Waisen sowie um die Kranken. Damit handelten die ersten Christen wie eine sozialreformerische Partei. Sie machten nicht nur leere Worte, sondern wirkten konstruktiv am Aufbau einer gesunden Gesellschaft mit.

Immer wieder ist im Neuen Testament davon die Rede, dass Verkündigung und Glaube ihr Ziel im Handeln des Gläubigen haben. Jakobus sagt: „Glaube ohne Werke ist tot" (Jak 2,20), und Paulus zielt auf einen „Glauben, der durch die Liebe tätig ist" (Gal 5,6), um nur einige Beispiele zu nennen. Sie machen deutlich, dass Gottes Heilswerk nicht seinen Zweck in sich selbst hat, sondern auf das neue Leben, die guten Werke der Christen zielt und erst in ihnen sein Ziel erreicht. Daraus folgt, dass die Dogmatik ihren Horizont in der „Ethik" hat, und ferner, dass christliche Mission und Evangelisation niemals bloß auf die Erweckung von Glauben und Hoffnung oder die Gründung und das Wachstum von Kirchen gerichtet sein darf.

Eine innere Erneuerung des Wesens des Menschen muss vorangehen, wenn es zu Äußerungen des neuen Wesens kommen soll. Gottes Handeln muss allem menschlichen Handeln vorangehen, oder es wird kein menschliches Handeln zustande kommen. Das Verhältnis von Pflanzung und Frucht ist ein konsekutiv-finales, wobei keine Seite überbetont werden darf. Die Zentralstelle dieses Sachverhaltes ist Eph 2,9f: „nicht aus Werken …, (aber) zu guten Werken".[29]

Das Handeln war für die ersten Christen auch im Blick auf die Evangelisation ihrer Mitmenschen von großer Bedeutung. In 1Petr 2,12 steht: „Führt ein rechtschaffenes Leben unter den Heiden, damit die, die euch verleumden als Übeltäter, eure guten Werke sehen und Gott preisen am Tag der Heimsuchung." In 1Petr 3,1 werden speziell die Frauen angesprochen: „… damit auch die, die nicht an das Wort glauben, durch das Leben ihrer Frauen ohne Worte gewonnen werden." Joachim Jeremias beschreibt diesen Sachverhalt folgendermaßen: „Am Leben der Jünger soll der Sieg der Herrschaft Gottes wahrnehmbar werden."[30] Hier liegt eine besondere Verkündigungsmöglichkeit für die Gemeinde in der Verfolgung. Bei Verleumdung und Bedrückung wird der Lebenswandel der Christen zum vornehmsten Missionsmittel. So sind die Stellen aus dem 1. Petrusbrief eine neue Bestätigung für die Notwendigkeit der Verknüpfung von Wort-Verkündigung und Tat-Verkündigung, denn mit beiden missioniert die Gemeinde. Bockmühl sagt: „Wer eine Ausbreitung der Früchte will, muss mehr neue Bäume setzen!"[31]

Die Tat-Inhalte der sozialen Verantwortung des Christen bestehen in Versöhnung, Befreiung, Respektierung der Würde des Menschen und dem Dienst am Menschen. Eben dies müssen auch die Inhalte und Ziele der sozialen und politischen Betätigung des Christen sein.

Die prophetische Predigt ergeht an die Herrschenden, nicht an die Opfer der Herrschaft. Sie sucht die Änderung der Herrschenden und nicht ihre Liquidierung. Zu sehen ist das an dem Täufer Johannes, der die Herrschaft des Herodes nicht infrage stellt, sondern ihn in dieser Position unter Gott zu bringen sucht. Hier geht Johannes „den Weg des Propheten, nicht den des Zeloten"[32].

Konkret sagt Johannes den Menschen (vgl. Lk 3,11-14): „Wer zwei Hemden hat, der gebe dem, der keines hat; und wer zu essen hat, tue ebenso." Den Zöllnern sagt er: „Fordert nicht mehr, als euch vorgeschrieben ist", und den Soldaten: „Tut niemandem Gewalt noch Unrecht und lasst euch genügen an eurem Sold."

Das Handeln ist nicht nur die Folge der Rechtfertigung, sondern Rechtfertigung erweist sich eigentlich erst im Handeln[33]. Die urchristliche Diakonie konzentrierte sich auf hilfsbedürftige Christen, praktizierte aber auch missionarisch wirksam Fürsorgedienst in der Verantwortung für die Mitmenschen (vgl. Mt 25,31-46; Gal 6,10).

Das Heil, das wir für uns beanspruchen, soll uns in unserer gesamten persönlichen und sozialen Verantwortung verändern.

Wenn Menschen Christus annehmen, kommen sie durch Wiedergeburt in sein Reich. Sie müssen versuchen, seine Gerechtigkeit nicht nur darzustellen, sondern sie in einer ungerechten Welt auch auszubreiten. Das Heil, das wir für uns beanspruchen, soll uns in unserer gesamten persönlichen und sozialen Verantwortung verändern. Deshalb fordert Paulus von Philemon, dass er Onesimus nicht mehr nur als Sklaven, sondern nun auch als Bruder in Christus annehmen soll (Phlm 16). Und das gilt nicht nur auf gemeindlicher Ebene, sondern auch „im Fleisch", d. h. in bürgerlicher Hinsicht. Das kann nichts anderes bedeuten als den Wunsch des Paulus, dass der Mitchrist Onesimus auch äußerlich freigelassen werden sollte. Stuhlmacher schreibt:

> *„Eine sozial brisante (und in der nichtchristlichen Umgebung der Gemeinden argwöhnisch mitverfolgte) Frage war die, wie bei den Christen Sklaven und Herren zusammenleben und gemeinsam Gottesdienste feiern sollten. In 1Kor 7,17-24 geht Paulus theologisch grundsätzlich und im Philemonbrief praktisch auf dieses Problem ein."*[34]

In 1Kor 7,17-24 nimmt der Apostel den sozialen Unterschied von Sklaverei und Freiheit als vorgegeben hin. Er macht aber die Gemeinde nachdrücklich darauf aufmerksam, dass Sklaven und Freie gleichermaßen von Christus angenommen sind. Gerade diese neuen Beziehungen in der Gemeinschaft der Christen, in der sich Juden und Römer, Griechen und Barbaren, Freie und Sklaven, Reiche und Arme, Männer und Frauen als Brüder und Schwestern annahmen, zeigte etwas vom verändernden Wesen des Glaubens.[35]

Die beiden Beispiele zeigen, dass Paulus mit seiner Verkündigung vielleicht keine sozialen Umwälzungen direkt angestrebt, sie indirekt aber durchaus bewirkt hat. So haben sich etwa aus der den Christen geschenkten Glaubensfreiheit heraus Konsequenzen für das Zusammenleben von Sklaven und Herren in den Hausgemeinden ergeben (vgl. 1Kor 7,23).

Was die staatlichen Organe anbetrifft, hat Paulus seine Gemeinden gleichzeitig zu Distanz und Toleranz aufgerufen. Dies entspricht sowohl der theologischen Überzeugung als auch der Erfahrung des Apostels. Während seines apostolischen Wirkens hat Paulus positive und negative Erfahrungen mit den staatlichen Autoritäten gemacht. Er war schon von seinem Elternhaus her Bürger von Tarsus und Inhaber des begehrten römischen Bürgerrechts (Apg 21,39; 22,24ff). Die ihm damit zugefallenen Rechte und Privilegien konnte er bei seinen Missionsreisen, bei der Sammlung und dem Transport der Kollekte und schließlich auch zum Schutz seines eigenen Lebens nutzen (Apg 25,9ff). Der Apostel hat aber auch erleben müssen, dass man ihn wegen Stiftung öffentlicher Unruhe dreimal zur römischen Prügelstrafe verurteilte (2Kor 11,25).

Zwei zeitgeschichtliche Umstände dürften die Argumentation des Apostels in Röm 13,1-7 („Jedermann sei untertan der Obrigkeit …") allerdings mitbestimmt haben: Die römischen Hausgemeinden standen seit dem Claudiusedikt nicht mehr unter dem besonderen Privilegrecht der Synagogen, sondern mussten als freie religiöse Vereinsgemeinden existieren. Als solche hatten sie jeglichen Verdacht der politischen Agitation oder Konspiration zu meiden, weil das ihre sofortige Auflösung durch die Behörden zur Folge gehabt hätte. In dieser speziellen Situation und angesichts der Erwartung des schon bald herannahenden „Jüngsten Tages" (vgl. Röm 12,19-21; 13,11-14) hat Paulus den damals noch ohne allen politischen Einfluss lebenden Christen von Rom geraten, den staatlichen Forderungen im Maße des Möglichen nachzukommen. Anders hätten sie ihre Existenz und damit alle missionarischen Zeugnismöglichkeiten aufs Spiel gesetzt. Erkennt man diese besonderen Umstände an, so ist es nicht ratsam, eine neutestamentliche Lehre vom Staat lediglich oder überwiegend von Röm 13,1-7 her zu entwickeln. Dafür müssten unbedingt auch andere Texte wie etwa Apg 5,29 („… man muss Gott mehr gehorchen als den Menschen.") hinzugenommen werden.

Aus 1Kor 6,1-11 und Röm 13,1-7 lässt sich ersehen, dass Paulus den Christen geraten hat, die Eigenständigkeit der Gemeinde gegenüber der Welt

41

hochzuhalten und den staatlichen Instanzen dort loyal zu begegnen, wo dies um der Existenz und des Zeugnisses der Gemeinde willen erforderlich war. Anarchische Tendenzen hat Paulus an keiner Stelle verteidigt.

Eine vom Menschen losgelöste Welt kennt Paulus ebenso wenig wie ein von der Welt losgelöstes Geschöpf Mensch. Beide gehören für Paulus zusammen und stellen sich vor allem als erlösungsbedürftig dar.

Die kritische Sicht von Schöpfung und Welt, wie sie etwa in Röm 1,19-25 oder 1Kor 1,21 anklingt, darf jedoch nicht zur umfassenden paulinischen Schöpfungslehre gemacht werden. Für den Apostel ist das gegenwärtig noch andauernde Weltzeitalter („Äon") zwar böse (Gal 1,4), aber die Welt liegt keineswegs pauschal im Argen. Die Christen sind zur Erkenntnis Christi und Gottes des Schöpfers sowie des Guten, Wohlgefälligen und Vollkommenen befreit und befähigt (1Kor 2,10.16; 2Kor 10,3ff).

Lesetipp zur Vertiefung

- John H. Yoder: *Die Politik Jesu – der Weg des Kreuzes*. Maxdorf: Agape, 1981.
- Michael B. Green: *Evangelisation zur Zeit der ersten Christen*. Neuhausen-Stuttgart: Hänssler, 1977,

2. Das Erbe der Reformation

Das Verhältnis von Staat und Kirche wurde in der Reformationszeit grundlegend neu bestimmt. Die damals gegebenen Antworten prägen die Theologie und die Auffassungen vieler Christen bis heute. Luthers Lehre von den zwei Reichen, die vollständige Verbindung beider Reiche bei Calvin und die absolute Trennung von gottloser Welt und reiner Gemeinde der Heiligen im radikalen Flügel der Reformation sind drei grundlegende Paradigmen, die wir uns im Folgenden anschauen wollen.

Luther und die zwei Reiche

Die Lehre von den zwei Reichen bzw. zwei Regimenten geht auf Martin Luther zurück. Er knüpfte an die Unterscheidung Augustins zwischen den zwei „Staaten" oder „Bürgerschaften" an, prägte aber den augustinischen Dualismus entscheidend um. Luther entwickelte seine Lehre erstmals in der Schrift „Von weltlicher Obrigkeit, wieweit man ihr Gehorsam schuldig sei" aus dem Jahr 1523. Dabei hatte er eine doppelte Gesprächsfront vor Augen: einerseits die christliche Gemeinde, die vom Evangelium her alle weltliche Ordnung für überflüssig hielt, und andererseits die staatliche Gewalt, die in innergemeindliche, geistliche Fragen meinte eingreifen zu dürfen. Zwischen beiden steht der „christliche Fürst", Glied der Gemeinde und zugleich Vertreter der Staatsgewalt. Die daraus entstandene Frage war: Wie kann ein Fürst, der doch als Christ an die Weisungen der Bergpredigt mit ihrer Aufforderung zur Gewaltlosigkeit gebunden ist („Widersteht dem Bösen", Mt 5,39), seine obrigkeitlichen Aufgaben wahrnehmen, die doch teilweise nur mit Gewalt durchzuführen sind (Mt 22,28; vgl. auch Röm 13,3f)?

Nach Luther müssen die beiden „Reiche" unterschieden werden aufgrund der Realität der Sünde. Die Institutionen der Herrschaft in diesem „Reich zur Linken", insbesondere der Staat, werden aber von ihrem Ziel her, anders als bei Augustin, von Luther grundsätzlich positiv gesehen. Ihre Aufgabe ist der Schutz menschlichen Lebens.

Nur im sogenannten linken Flügel der Reformation folgte man Luther nicht. Zum einen lag das daran, dass man – wie bei den Mennoniten – für die Christen konsequent die Anwendung von Gewalt ablehnte, zum anderen, dass man – wie bei Thomas Münzer oder den Täufern von Münster – ein theokratisches Modell mit Gewalt durchzusetzen versuchte.

Luther nannte die Vorwegnahme der endgültigen Erlösung „Schwärmerei“. Genau diesem Ansatz begegnete er mit der „Zwei-Reiche-Lehre“, d. h. mit der Unterscheidung der Bereiche der Kirche und des Staates, die zwar beide von Gott, jedoch auf unterschiedliche Weise regiert werden.

Die Zwei-Reiche-Lehre oder auch Zwei-Regimenten-Lehre unterteilt die Wirklichkeit in das Reich Christi und das Reich der Welt. Das Reich Christi hat mit dem Evangelium und dem Wirken des Heiligen Geistes zu tun. Es möchte die Menschen von der Macht der Sünde und des Todes befreien. In diesem Reich leben die Menschen durch ihren Glauben, und ihr Handeln ist durch das Liebesgebot bestimmt. Das Reich der Welt umfasst den Staat, die Gesellschaft, Arbeit und Beruf. Die beherrschenden Grundsätze sind hier Recht und Ordnung. Gott ist der Herr beider Reiche, aber in jedem herrscht er auf verschiedene Weise.[36]

Religion wurde zur „Privatsache“

Die – wohl nicht beabsichtigte – Folge dieser Unterscheidung war allerdings, dass Religion zur „Privatsache“ wurde und die Aufgabe der Kirche sich nur auf den Bereich des Glaubens beschränkte. Andere Bereiche des Lebens wurden autonom, d. h., sie bekamen ihr eigenes Gesetz, folgten eigenen Regeln. Entscheidungen im Bereich des Staates und auch darüber hinaus in der Gesellschaft wurden nicht der Botschaft der Bibel unterworfen, sondern durch Vernunftgründe bestimmt. Typisch für diese Sicht ist ein Telegramm von Kaiser Wilhelm II. nach der Entlassung des christlich-sozialen Theologen Adolf Stöcker von seinem Posten als Hofprediger in Berlin: „Stöcker hat geendet … Christlich-sozial ist Unsinn … Die Herren Pastoren sollen sich um die Seelen ihrer Gemeinden kümmern, die Nächstenliebe pflegen, aber die Politik aus dem Spiel lassen, dieweil sie das gar nichts angeht."[37]

So wurde von christlicher Seite aus im Allgemeinen der Status quo gestützt, ohne dass grundlegende Änderungen in der ganzen Wirtschafts- und Gesellschaftsstruktur für nötig gehalten wurden.

Das Konzept der Zwei-Reiche-Lehre leidet auch an seiner Wirkungsgeschichte, die als eine sozialethische Lähmung erscheinen mag. Das Modell der Zwei-Reiche-Lehre lässt sich leicht in eine Idee der Eigengesetzlichkeit des weltlichen Bereiches umdeuten.[38]

Im Hinblick auf das Reich Gottes dachte Luther jedoch überhaupt nicht daran, das Reich der Welt vom Reich Gottes zu scheiden und den Staat aus der Hoheitszone Gottes herauszulassen. Zwar ist der Staat nur das Reich „zur Linken Gottes", aber auch zur Linken Gottes steht der Staat unter Gottes Herrschaft.[39]

Trennen oder einen?

Wenn die Zwei-Reiche-Lehre Luthers aus heutiger Sicht angemessen beurteilt werden soll, muss unbedingt der unterschiedliche historische Kontext beachtet werden. Zur Zeit Luthers, dem ausgehenden Mittelalter, drohte die Gefahr einer klerikalen Vermischung der beiden Reiche. Daher richtete sich sein theologisches Interesse vornehmlich auf die Unterscheidung der beiden Reiche. In der heutigen Postmoderne haben wir es jedoch mit einem säkularen Auseinanderreißen der beiden Reiche zu tun. Daher hat sich unser theologisches Interesse heute viel stärker auf die Gemeinsamkeiten und die Betonung der Einheit zu richten.

Die kritischen Vorwürfe gegen die Zwei-Reiche-Lehre beruhen auf zwei verhängnisvollen Irrtümern. Das erste Fehlurteil besteht in der Verselbstständigung des Weltreiches, mit der letztlich die gesamte politische Dimension an den Säkularismus preisgegeben wird.

Die zweite Fehldeutung begegnet uns bei dem Vorwurf einer „doppelten Moral". Damit wird behauptet, dass einerseits die Forderungen einer öffentlichen Amtsmoral und andererseits die Anerkennung einer persönlichen Privatmoral einander gegenüberstehen und sich gegenseitig ausschließen.[40]

Die unaufgebbare Spannung kommt bei Luther dadurch zustande, dass der Christ eben *zugleich* in der Begegnung zwischen weltlicher Macht und göttlicher Gnade steht, und somit zwischen einer manchmal unverzichtbaren Gewaltanwendung im Weltreich und einer vergebenden Liebe im Gottesreich. Gerade in diesem Spannungsfeld kommt die Vorläufigkeit und Unvollkommenheit aller Ordnung in der gottfernen und glaubenslosen Welt zum Ausdruck.

Es ist deshalb eine verhängnisvolle Fehldeutung der lutherischen Lehre, wenn die Einheit des göttlichen Rechtswillens und damit auch die Einheit der göttlichen Herrschaft und des göttlichen Rechts verkannt werden. Dieses geschieht etwa durch die bis zur Beziehungslosigkeit gesteigerte Scheidung und Entgegensetzung von Schöpfung und Offenbarung, des Reiches der Welt und des Reiches Christi, einer Schöpfungsordnung und einer Erlösungsordnung, eines geistlichen und eines weltlichen Bereiches, der Herrschaft Gottes im weltlichen und im geistlichen Regiment.

Im Gegensatz zu Martin Luthers Zwei-Reiche-Lehre stellte Karl Barth die „2-Kreise-Lehre" vor. Staat und Kirche, Weltreich und Gottesreich stehen nun nicht als zwei selbstständige Ordnungen nebeneinander oder einander gegenüber, sondern schieben sich ineinander, wobei der Mittelpunkt Christus ist.[41]

Dieses Modell besagt, dass der Staat die potenzielle Anlage und Fähigkeit besitzt, „die christliche Wahrheit und Wirklichkeit indirekt im Spiegelbild zu reflektieren."[42] Die Kirche wird nach Barth vielmehr in die Verantwortung gerufen, „im Namen Gottes" in die Weltpolitik und in die Probleme der Weltwirtschaft einzugreifen.

Von Barth wird die Zwei-Reiche-Lehre Luthers zum Unheilsherd sämtlicher politisch-ethischen Irrtümer und kirchlichen Fehlentscheidungen deklariert. Sie sei die eigentliche „geistig-theologische Wurzel einer Entgöttlichung der Politik und damit ein Impuls für Totalstaaten."[43]

Calvin und der Gottesstaat

Im Gegensatz zum westeuropäischen Staatskirchentum und dem landesherrlichen Kirchenregiment in Deutschland entwarf Johannes Calvin sein Modell des omnipotenten Gottesstaates. Er betrachtete die Institution der Obrigkeit so sehr als Ordnung Gottes, dass es für ihn keine Trennung zwischen Staat und Kirche gab. Das Verhältnis zwischen Obrigkeit und Untertanen bestimmte sich vor allem durch gegenseitige Pflichten. Calvin schreibt:

> *„Dieser Rechtsstaat hat als Kern seines Wesens jene gegenseitige Verpflichtung (mutua obligatio), den naturrechtlich gedachten, im schöpfungsmäßigen Über- und Unterordnungsverhältnis mitgegebenen Vertrag, der die beiderseitigen Pflichten und Rechte der Obrigkeit und der Untertanen begrenzt und nominiert."*[44]

Diese im theoretischen Ansatz verabsolutierte Sicht des Subordinationsgedankens schuf ein Staatsgebilde, in dem die Intoleranz Blüten trieb. „So entstand in Genf eine Art Theokratie, eine Verquickung von Kirche und Staat mit strenger Kirchen- und Sittenzucht. Sünde gegen Gott war Sünde gegen den Staat."[45]

Die Welt ist eine Bühne für Gottes Herrlichkeit.

Die leitende Überzeugung war, dass Christus nicht nur das Haupt der Kirche, sondern auch König der ganzen Welt ist. Die von Gott geschaffene Welt war dazu bestimmt, *„theatrum gloriae Dei"*[46] zu sein – eine Bühne für Gottes Herrlichkeit. Sie fiel jedoch durch die Sünde ganz von Gott ab. Durch das Kreuz versöhnte Gott aber die Welt mit sich selbst, sodass die Welt nun wieder eine Chance hat, Reich Gottes zu werden.

Calvin war sich des eschatologischen Charakters der Königsherrschaft durchaus bewusst. Seine volle Offenbarung steht noch aus, aber seine Spuren werden sichtbar im Gehorsam der Völker und ihrer Herrscher gegenüber dem Gesetz Gottes.

Calvin war ein Vertreter des theokratischen Gesellschaftsbildes, das er auch in Genf umzusetzen versuchte. Wie die Kirche unmittelbar unter der Autorität Christi, des Haupts der Kirche steht, so sind auch die anderen Bereiche des Lebens unmittelbar unter seiner Kontrolle. Um jeden Bereich des Lebens im Sinne Christi, des Königs, zu beeinflussen, gründeten Calvins Nachfolger eine große Anzahl christlicher Organisationen in Gebieten der Erziehung, der Politik, der Sozialfürsorge etc.[47]

Die Beiträge des Calvinismus blieben nicht auf kirchliche Bereiche beschränkt, sondern drangen ins ganze kulturelle und soziale Leben ein. Politisch ist der Calvinismus an den Freiheitskämpfen des 16. und 17. Jahrhunderts, und seit dem 18. Jahrhundert am Aufbau der westlichen Demokratie beteiligt. Die Verantwortung des Bürgers für geistlich-kirchliche Dinge erzog zur Mündigkeit und drängte zur entsprechenden Berechtigung im „irdischen" Bereich.

Bis in die Gegenwart hat der Calvinismus religiös motivierte politische Programme entworfen, sowohl konservative (Abraham Kuyper) wie liberale (Woodrow Wilson) und sozialistische (Leonhard Ragaz). Dass der Kapitalismus wirtschaftlich auf den Calvinismus zurückzuführen sei, lässt sich nicht halten. Dass dieser ihn mit seiner Ethik von Gewissenhaftigkeit, Sparsamkeit, anvertrautem Besitz und freiwilliger Wohltätigkeit gefördert hat, ist jedoch heute noch zu erkennen.[48]

Die Radikalen der Reformation

Thomas Müntzer: das Reich Gottes mit Gewalt herbeiführen

Größere Bedeutung auf sozialpolitischem Terrain erlangte *Thomas Müntzer* (1490–1525). Er bewegte und faszinierte viele Zeitgenossen, übte einen beachtlichen direkten und indirekten Einfluss auf das Täufertum aus und wurde zu einer ideologischen Leitfigur im Sozialismus und Kommunismus des 19. und 20. Jahrhunderts.

Eine dramatische Zuspitzung gewann Müntzers Theologie aufgrund der apokalyptischen Naherwartung. Die Sammlung der wahren Gläubigen gewann dadurch eine besondere Schärfe gegenüber den „Gottlosen". Im Bauernkrieg identifizierte er die Sache der Aufständischen mit Gottes eschatologischen Verheißungen für die Armen und Unterdrückten. So sah sich Thomas Müntzer letztlich dazu berufen, an der Vernichtung der Mächtigen in der Endzeit aktiv mitzuwirken.

Ab 1520/21, der Zeit seiner Wirksamkeit als Prediger in Zwickau, gab es dann keinen Tätigkeitsort mehr, den er nicht gezwungenermaßen unter dramatischen Umständen verließ, nachdem er die Obrigkeiten genügend herausgefordert hatte.[49]

Einen neuen Schritt zeigt auch Müntzers Brief vom 22. September 1523 an Graf Ernst von Mansfeld, der seinen Untertanen den Besuch der Allstedter Gottesdienste verboten hatte. Zum ersten Mal greift er nun direkt auch einen Vertreter der weltlichen Obrigkeit an. Wenn er dem Grafen schreibt, dass er, Müntzer, genauso ein Knecht Gottes sei wie der Graf, so deutet sich an, dass Müntzer zwischen der geistlichen und weltlichen Autorität nicht mehr trennen will. Er ist auf dem Weg zur Theokratie.

Einige Christen des sogenannten *linken Flügels der Reformation* im 16. Jahrhundert wie *Thomas Müntzer* oder *Johannes von Leyden* versuchten, das Königreich Christi mit den Mitteln politischer Einflussnahme auf radikale Weise aufzubauen. Dabei wurde allerdings der eschatologische Charakter des Reiches Gottes völlig übersehen und eine revolutionäre Vorwegnahme im Sinne des „*hic et nunc*" durch eigene Kraft vollzogen. Anstelle der alten

politischen und sozialen Ordnung sollte eine Ordnung des „Neuen Jerusalems" aufgebaut werden.[50]

Immerhin hatte schon einige Jahre früher Thomas Müntzer sehr stark
die soziale Komponente der Bergpredigt betont. Dominierender zeigte
sich aber sein Staatsverständnis. „Nicht die Gehorsamspflicht der Untertanen und die göttliche Legitimation der Obrigkeit in Röm 13,1 f. stand
im Mittelpunkt, sondern die Pflicht der Obrigkeit gegenüber ihren Untertanen nach Röm 13,3 f."[51] Sobald der Staat diese Pflicht zur Bewahrung
und Verteidigung des rechten Glaubens verletzte, sah ihn Müntzer als
Tyrannei an, die er – der „Gideon mit dem Schwert" – zu bekämpfen habe.

Diese Überzeugung findet man in der Neuzeit in etlichen Ausrichtun-
gen der Theologie der Revolution sowie den befreiungstheologischen Ansätzen wieder.

Ungeachtet ihrer Differenzen stimmen sie alle darin überein, dass die
herkömmliche Ordnung, die die Armen und sozial Schwachen unterdrückt, im Namen Christi umgestürzt werden muss.

Ähnliche Gedanken spielten eine große Rolle in der Theologie des
Weltrats der Kirchen, vor allem auf der *Konferenz für Kirche und Gesellschaft* in Genf 1966.

Aus diesem Grund haben sich viele evangelikale Christen klar abzu-
grenzen versucht, um nicht in den Verdacht zu geraten, biblisch legitimierte Sozialfürsorge hieße in der Konsequenz auch biblisch legitimierte
Revolution.[52]

Die Täufer: pazifistische Parallelgesellschaft

Neben die teilweise gewaltbereite radikale Reformationsbewegung trat
von Anfang an eine andere, die zwar auch von Luther ihren Anstoß erhielt, aber innerlich weder zu Luther noch zum gewaltbereiten radikalen
Lager gehörte, sondern konsequent das geistliche vom staatlichen Leben
trennte.

Sie verstanden sich als die *christliche Gemeinschaft*, nannten sich untereinander Brüder und Schwestern, wahre Christen oder Christgläubige.
Deutsche Taufgesinnte, die um ihrer Überzeugung willen die Heimat ver-

lassen hatten, schlossen sich in Mähren zusammen. Gedanken, die der gesamten Täuferbewegung zugrunde gelegen hatten, formten sich hier zum Dogma.[53]

Die Bedeutung der Erwachsenentaufe bestand für sie darin, dass der Mensch in der Taufe allem Irdischen absagen und sich selbst ganz Gott hingeben soll. Daraus ergaben sich für die christliche Gemeinschaft eine Reihe von Forderungen, deren Erfüllung als notwendiges Kennzeichen des wahren Christen galt. Dem Gefühl des völligen Gelöstseins von dieser Welt entsprach zunächst ihr passives Verhältnis zum Staat, auch der absolute Mangel eines Pflichtgefühls ihm gegenüber. „Es ist mit dem Christsein unvereinbar, ein obrigkeitliches Amt zu bekleiden, denn die Christen schließen sich zur Gemeinde Gottes zusammen, sind beständig des Todes gewärtig und bedürfen keiner Obrigkeit.“[54] Beim etwaigen Übertritt zum Christentum musste jeder staatliche Beamte sein Amt aufgeben. Der Gemeinschaft in Wein und Brot folgte in der Konsequenz die Gemeinschaft der Güter. „Wer die Gemeinschaft verlässt und sich wieder ins Eigentum begibt, das ist Abschreiten von Gott, Feindschaft Gottes und Beraubung aller Gottesgaben.“[55] Hatte nicht Jesus gesagt, dass nicht sein Jünger sein könne, wer nicht alles verlässt? Das Irdische würde nur vom Göttlichen ablenken.

Im Täufertum „lebt die Lehre von der heiligenden Kraft des Leidens, die die Mystik Meister Eckharts schon entwickelt hatte. Von diesem Geiste ist das ganze reiche Schriftenmaterial durchtränkt. Der Täufling gelobt, nicht mehr sich selbst zu leben, sondern der Welt abzusterben.“[56]

Mit der teils freiwillig bejahten, teils durch die Verfolgung erzwungenen Trennung von der „Welt“ fehlte der Lehre des Täufertums auch die Beziehung zur allgemeinen weltlichen Wissenschaft, wie man sie in den Schulen und Universitäten lehrte und die weiterhin von den großen Kirchen bestimmt wurde.

Die strikte Trennung von Kirche und Staat ist noch bis in unsere Zeit ein Merkmal zahlreicher evangelikaler Freikirchen. In einer Definition ist zu lesen: „Freikirchen kennzeichnet die Teilhabe aller ihrer Glieder an Leben und Sendung der Gemeinde im Gehorsam gegenüber Jesus Christus als dem einzigen Herrn der Kirche und damit völlige Freiheit von staatlichen, kulturellen und allen sonstigen äußeren Bindungen."[57]

Erst nach dem Zweiten Weltkrieg schwand die kritische Distanz gegenüber allem Staatlichen etwas. Das größere Ansehen, das öffentlich-rechtliche Institutionen genießen, sowie die Rechts- und Steuervorteile veranlassten eine Reihe von Freikirchen, sich die Rechte von öffentlich-rechtlichen Körperschaften verleihen zu lassen, sodass es z. Zt. mehr als 20 Religionsgemeinschaften sind, die in wenigstens einem Bundesland Körperschaftsrechte besitzen. Ferner lässt sich im Leitbild der Evangelisch-Freikirchlichen Gemeinden in Deutschland neben der Ungebundenheit vom Staat zum Thema „Politische Verantwortung" auch folgender Passus finden:

§5 *„Wir gestalten unsere Welt verantwortlich mit, denn Gott liebt seine Schöpfung und will Gerechtigkeit und Frieden. Zur weltweiten Tradition unserer Gemeinden gehört schon immer der Einsatz für Menschenrechte und (Religions-)freiheit. Wir wollen dieses Erbe neu entdecken und weiter entwickeln, auch da, wo politisches Handeln erforderlich ist. Wir wollen mit unseren christlichen Wertvorstellungen gesellschaftspolitische Entwicklungen mitgestalten – vor Ort, in unserem Land und weltweit."*[58]

Der Zürcher Reformator *Huldrych Zwingli* (1484–1531) meldete sich angesichts der politischen und sozialen Probleme seiner Zeit auf ganz eigene Weise zu Wort. Infolge seiner Überzeugungen bildeten seine Anhänger aus Zürich und den umliegenden Dörfern die ersten Täufergemeinden. Wie der Name andeutet, verwarfen sie die Kindertaufe als ein Hemmnis bei der angestrebten Verwirklichung einer neuen Kirche und Gesellschaft. Des Weiteren lehnten sie jegliche Gewalt ab, was bereits im September 1524 in einem Brief an Thomas Müntzer klar ausgesprochen wurde. Nach der Niederlage und harten Verfolgungen durch die Obrigkeiten gewann jedoch das Konzept einer pazifistischen, biblizistischen und weltabgewandten Heiligungsgemeinde vollends Gestalt. Das grundlegende Dokument dieser „Schweizer Brüder" – wie man alle Anhänger dieser Richtung bezeichnete – ist das *Schleitheimer Bekenntnis* von 1527. In sieben Artikeln beschäftigt es sich u. a. mit dem gemeindlichen Bann, der Glaubenstaufe und der Absonderung von der Welt. Man trennt scharf zwischen Gut und Böse, gläubig und ungläubig, Licht und Finsternis, außerhalb der Welt und in der Welt, Tempel Gottes und Götzen, Christus und Belial.

Die Täufer sehen sich dabei aufgrund ihres Glaubensgehorsams auf der Seite Gottes – und damit im Gegensatz zur Welt. Das führte auch zu einer kritischen Distanz gegenüber den Kirchen – seien es nun die päpstlichen oder die „widerpäpstlichen" der Reformation –, sowie dem bürgerlichen Wesen mit seinen Rechten und Pflichten und dem allgemeinen gesellschaftlichen Leben.

Jakob Hutter (1500–1536) organisierte die Gemeinden straff auf der Basis der Gütergemeinschaft. Hier lebten und arbeiteten auf den sogenannten *Bruderhöfen* jeweils ca. 300 Menschen zusammen – ohne jeden Privatbesitz. Mystische Gelassenheit, asketische Heiligung und strenge Trennung von der Welt charakterisierten diese Hutterer. Durch ihren Arbeitseifer brachten sie es bald zu wirtschaftlichem Wohlstand, der zusammen mit eifriger missionarischer Tätigkeit zahlreiche neue Anhänger gewann. Die Ablehnung des Waffendienstes reicht bis zur Verweigerung der Zahlung von Kriegssteuern. Über das Verbot hinaus, weltliche Gerichte anzurufen oder ein Richteramt zu übernehmen, wurden auch bestimmte weltliche Berufe geächtet: Ein Christ durfte nicht Waffenschmied, Modeschneider, Kaufmann oder Wirt sein. Und nicht nur die Eidesleistung, sondern selbst der tägliche Gruß gegenüber Ungläubigen wurde zum ernsten Problem, weil dieser ja als „Zuspruch des Gottesfriedens und Ausdruck der Bruderschaft genommen wird, die man den Weltkindern versagen muss. Die gesamte Tracht, Wandel, Schmuck und Zier des Christen darf nichts Weltliches an sich haben."[59]

Die Gruppierungen und Bewegungen der sogenannten „radikalen Reformation" lehrten somit eine auf die eigene Gruppe bezogene Theologie und Lebensweise, die für sich genommen häufig erfolgreich war und einen

Schutzraum vor der „bösen Welt" für die eigenen Mitglieder bot. Gleichzeitig sind sie aber auch eine der klarsten Ausdrucksformen von Weltflucht und Absonderung geworden, denen nichts ferner lag als die Veränderung ebendieser Welt.

Lesetipps zur Vertiefung

- Martin Greschat: *Christentumsgeschichte 2. Von der Reformation bis zur Gegenwart*. Stuttgart: Kohlhammer, 1997.
- Mira Baumgartner: *Die Täufer und Zwingli: Eine Dokumentation*. Zürich: Theologischer Verlag, 1993.

3. Politisches und gesellschaftliches Engagement in der Geschichte der evangelikalen Bewegung

Der Blick in die evangelikale und „vor-evangelikale" Geschichte offenbart, dass es zu jeder Zeit Christen gab, die aktiv und nachhaltig Einfluss nahmen auf die jeweilige Gesellschaft, in der sie lebten. Wir begegnen Persönlichkeiten, die im Vertrauen auf Gott und aus Liebe zu den Menschen nach Wegen suchten, die Nöte und Missstände ihrer Zeit zu beseitigen. Dabei mag es ihnen anfangs vielleicht gar nicht bewusst gewesen sein, welche nachhaltigen gesellschaftlichen Veränderungen ihr Einsatz mit sich brachte. Im Rückblick müssen wir feststellen: Diese Christen handelten hochpolitisch.

Sicher lassen sich aus der Geschichte der Christenheit keine unmittelbaren Handlungsanweisungen für heute oder morgen erheben. Doch macht uns die Beschäftigung mit unserer Geschichte und mit theologischen, politischen, kirchlichen und geistlichen Entwicklungen klüger und sensibler für Dinge, die möglich sind, und für Wege, die man besser nicht beschreiten sollte.

Die Pietisten und die aktive Frömmigkeit

Diesen im Blick auf die Obrigkeit apolitisch eingestellten – aber im eigenen Rahmen sehr wohl „politisch" agierenden – Gruppierungen gegenüber gibt es in der folgenden kirchengeschichtlichen Entwicklung gerade im Umfeld des *Pietismus* viele Beispiele, die über die Bekämpfung sozialer Missstände hinausgingen und zur Hebung des Lebensstandards die politischen Gegebenheiten zu beeinflussen suchten.[60]

Philipp Jakob Spener (1635–1705) nahm in seiner Programmschrift „Pia Desideria" (1675) den Ruf nach sozialer Tat auf. Während seines Dienstes nahm er sich sowohl in Frankfurt als auch später in Berlin der Situation der Bettler und der Armen an. Er trat für die Gründung von Armen- und Waisenhäusern ein und entwickelte auch die Idee eines nationalen Sozialversicherungsplans.[61]

In Berlin machte Spener sich dafür stark, eine Haupt-Armen-Kasse einzurichten, die durch Beiträge der Bürger, teils durch Kollekten, teils durch staatliche Zuweisungen finanziert werden sollte. Aus dieser Kasse würde man dann den Armen nach individueller Bedürftigkeit regelmäßige Unterstützung gewähren können. Zugute kam ihm dabei, dass er sich auf seine Frankfurter Erfahrungen berufen konnte. Wenn er sich aber nicht mit ebenso großer Energie wie Ausdauer und unter Inanspruchnahme aller seiner Beziehungen zum Hof und zum Magistrat immer wieder voll eingesetzt hätte, wäre die große soziale Tat entweder gar nicht oder sehr viel später und wohl auch in sehr viel geringerem Ausmaß geglückt.

Wenn Spener auf die Missstände im wirtschaftlichen und sozialen Leben zu sprechen kommt, so versteht er dieses als Ausdruck einer fortschreitenden Steigerung, denn nach der Behandlung der sozialen Frage geht er zur „Art Gott zu dienen" über.[62]

Johann Friedrich Oberlin (1740–1826) begann als Pfarrer einer armen Vogesengemeinde mit der Unterstützung einzelner bedürftiger Familien, regte die Dorfgemeinde zum Wege- und Brückenbau an und sorgte für die Schaffung von Arbeitsplätzen, indem er die Regierung zu Entwicklungsmaßnahmen veranlasste. Er baute Schulhäuser, erwies sich als begnadeter Pädagoge, hob die Landwirtschaft, gründete eine Darlehenskasse und war mit den wirtschaftlichen und sozialen Entwicklungen seiner Zeit voraus.

Bezeichnend war für Oberlin die Verwurzelung im christlichen Glauben sowie die geistige Weite, Kreativität und Offenheit neuen Situationen gegenüber.

Von Oberlin inspiriert gründete *Friedrich Wilhelm Raiffeisen* (1818–1888) die bekannten Spar- und Darlehensgenossenschaften. Das besondere Merkmal dieser Initiative war, dass sie auf Freiwilligkeit und nicht auf gesetzlichen Regelungen basierte. Zahlreiche solcher Initiativen wurden im Laufe der Geschichte oftmals zu Vorläufern von politischen Lösungen.[63]

Neben Raiffeisen besitzt der Pietismus auf dem Gebiet von Industrie und Arbeitswelt noch eine ganze Reihe weiterer hervorragender Vorbilder, wie etwa den badischen Industriellen *Carl Mez* (1808–1877), der als Pionier der Arbeitsbeschaffung und der innerbetrieblichen Organisation (u. a. der Mitbestimmung) auch in einer profanen Geschichte der industriellen Arbeitswelt einen Platz verdient.[64]

Ein weiteres Beispiel ist in diesem Bereich *Gustav Albert Werner* (1809–1887). Er führte die Reutlinger mechanischen Werkstätten, eine Metallgießerei, die Papierfabrik in Dettingen, eine Möbelfabrik und Lehrlingswerkstätten auf genossenschaftlicher Grundlage in einer Familiengemeinschaft lediger Mitarbeiter. Mit dem Gewinn wurden die Unterbringung verwahrloster Kinder und die Unterstützung von Kranken und Notleidenden finanziert.

Schon früher gab es Beispiele von sozialpolitischem Handeln. Das Waisenhaus, das *August Hermann Francke* (1663–1727) in Halle gebaut hatte, war das modernste in Deutschland. Im diakonischen Aufbruch unter Francke verband sich evangelistisches Wirken mit sozialen und pädagogischen Zielen, was für die Folgezeit großen Einfluss auf die Diakonie hatte.

Darüber hinaus lässt sich bei Francke auch eine aktive Teilnahme am Leben des Staates beobachten. Er wurde Ratgeber des preußischen Königs und entwarf die Erziehungsinstruktion für den Kronprinzen, den späteren Soldatenkönig Friedrich Wilhelm I. Das Waisenhaus lieferte durch seine fortschreitende Entwicklung wirtschaftspolitische Modelle einer zielbewussten Gemeinschaftsleistung. Auch konnte Francke auf gesetzgeberische Maßnahmen gegen den wirtschaftlichen Egoismus der Unternehmer in der Wollindustrie Einfluss gewinnen und Friedrich Wilhelm I. in die Richtung sozialen Handelns lenken.[65]

Die Innere Mission und die Fürsorge

Die Arbeit der Inneren Mission ist untrennbar mit *Johann Hinrich Wichern* (1808–1881) verbunden. Der in Hamburg geborene Theologe, Pädagoge und Sozialreformer konnte zeit seines Lebens sowohl im sozialen als auch im politischen Bereich Entscheidendes bewegen. Ihm gelang es, das Vertrauen der Bettler und Gefangenen ebenso zu gewinnen wie die Aufmerksamkeit und Unterstützung durch Aristokraten und Fürsten seiner Zeit. Seine Verbindungen reichten bis in das Schloss des preußischen Königs Friedrich Wilhelm IV.

Für Wichern stand der Dienst für Volk und Staat und Kirche unmittelbar nebeneinander und war ineinander verschlungen. Als überzeugter Patriot arbeitete Wichern unentwegt und begeistert für eine christliche und soziale Wiedergeburt seines von einem sozialen Chaos bedrohten deutschen Volkes.[66]

> Als überzeugter Patriot arbeitete Wichern unentwegt
> und begeistert für eine christliche und soziale Wiedergeburt
> seines von einem sozialen Chaos bedrohten
> deutschen Volkes.

Wichern bot dem preußischen Staat die Dienste der Christen für die Leitung von Rettungshäusern und für den Gefängnisdienst an, wenn sie nur ihre Seelsorge dabei ungehindert nach christlichen Grundsätzen ausüben könnten.

Evangelisierung und christliche Sozialisierung des Volkes waren Wicherns Ziele. Neben dem Eingreifen des Staates, der die soziale Not allein nicht überwinden konnte, sollte die Selbsthilfe des christlichen Volkes treten, um der Massenverarmung wirksam zu begegnen. Diese Sicht ließ ihn – zunächst in Berlin – die Arbeit der Stadtmission gründen, die sich unter anderem im Kampf gegen Prostitution und Alkoholismus, dann aber auch in der Fürsorge für die Dienstboten und Armen engagieren sollte.

Wicherns Überzeugung war es, dass die gesellschaftliche und kirchliche Ordnung an sich gut und nicht infrage zu stellen sei. Angesichts der gewaltigen sozialen Nöte hielt er zusätzliche Anstrengungen für unerlässlich, um das Elend zu beseitigen. Wie anders sollte man der schreienden Armut in den untersten Volksschichten, zunehmendem Sittenverfall, religiöser Entfremdung oder den verwahrlosten Kindern begegnen können? Wichern sprach von der „Reformation oder vielmehr Regeneration aller innersten Zustände" und somit vom Heilwerden des gesamten Menschen mitsamt seiner religiösen Dimension.

Mit großem persönlichen Einsatz leistete er Pionierarbeit auf den Gebieten der heutigen Diakonie (Rauhes Haus, Innere Mission) und etablierte damit das Prinzip der „rettenden Liebe" als Grundprinzip sozialfürsorglichen Handelns der Kirche.

Die Verwirklichung einer Lösung der sozialen Frage verfolgte er auf zwei Ebenen: Zuerst und vor allem wurde durch die Predigt und das geistliche Handeln der Kirche auf die Änderung des Bewusstseins sowohl der Unternehmer als auch der Arbeiter hingearbeitet.[67] Dieses kirchliche Wirken war auf gesellschaftliche Integration ausgerichtet. Auf der anderen Ebene wurden die Notstände, die die unterschiedlichen Randgruppen der Gesellschaft betrafen, sowohl gelindert als auch öffentlich wirksam in Angriff genommen.

Durch den Auf- und Ausbau von Bethel bei Bielefeld, das *Friedrich von Bodelschwingh* 1872 als kleines Heim für Epileptiker übernommen hatte, vollbrachte er eine der größten Leistungen auf diesem Gebiet.

Bodelschwingh wurde zu einem Entdecker der Arbeitstherapie. Zehn Jahre nach der Übernahme Bethels überschritt er die Grenzen seiner Arbeit und nahm sich der großen sozialen Fragen des Volkes an. Schließlich begab er sich auf den Weg der aktiven Politik und ließ sich Ende September 1903 sogar als Kandidat der christlich-konservativen Partei aufstellen.

„Medizin kann man überall nehmen.
Bethels Ziel reicht weiter, es reicht in die Ewigkeit."
(Friedrich von Bodelschwingh d. Ä.)

Bodelschwingh hatte eine sehr große Wirkung auf die Parlamentarier und Regierungsvertreter, weil er nicht mit einem allgemeinen Programm, sondern mit ganz konkreten Bitten zu ihnen kam. So konnte er etwa formulieren: „Medizin kann man überall nehmen. Bethels Ziel reicht weiter, es reicht in die Ewigkeit".[68] Dabei dachte er nicht an Vertröstung der lebenslang Leidenden auf ein Jenseits, sondern daran, dass der Mensch aus Leib, Seele und Geist besteht und seine menschliche Existenz erst dann findet, wenn er seine Beziehungen zu Mitmenschen und seine Zugehörigkeit zu Gott entdeckt und lebt. Es ging ihm im umfassenden Sinn um das „Zurechthelfen zum Leben".

Das soziale, aber auch das sozialpolitische Engagement des Protestantismus im Kaiserreich, in Preußen und darüber hinaus wird verständlicher, wenn man es im Zusammenhang mit dem Wirken des Theologen und Politikers *Adolf Stoecker* (1835–1909) sieht.

Stoecker erklärte 1882 im Reichstag: „Es ist meine politische Überzeugung, dass durch unsere Zeit hindurch im Grunde ein einziger großer Konflikt geht: entweder christliche Weltanschauung oder nicht. Und ich glaube, dass unsere politischen wie unsere sozialen Nöte ohne die Wiederbefestigung der christlichen Weltanschauung nicht geheilt werden."[69]

Adolf Stoecker vertrat damit eine Auffassung, die damals in analoger Weise im weiten Raum der Christenheit viele teilten. Sie alle begriffen die „Arbeiterfrage" als einen Teilaspekt der gebotenen umfassenden Erneuerung der Gesellschaft und hielten einen solchen Wandel nur dann für möglich, wenn dem christlichen Gedankengut und der Kirche wieder beherrschender Einfluss in der Öffentlichkeit eingeräumt würde.

> „Die Herren Pastoren sollen sich um die Seelen
> ihrer Gemeinden kümmern, die Nächstenliebe pflegen, aber
> die Politik aus dem Spiel lassen, dieweil sie das
> gar nichts angeht." (Kaiser Wilhelm II.)

In der Diskussion um politisches Engagement der Christen ist die bereits in Kap. 2 erwähnte Kurzmitteilung des damaligen Kaisers Wilhelm II. berühmt geworden. Er telegraphierte am 28. Februar 1896 an seinen früheren Erzieher, Geheimrat Hinzpeter in Bielefeld: „Politische Pastoren sind ein Unding. ... Die Herren Pastoren sollen sich um die Seelen ihrer Gemeinden kümmern, die Nächstenliebe pflegen, aber die Politik aus dem Spiel lassen, dieweil sie das gar nichts angeht."[70]

Dennoch gab es um die Jahrhundertwende überaus viele Aufrufe in der kirchlichen Presse, die eine Einmischung in die politischen Belange forderten. Der durch seine antisemitische Einstellung sicherlich umstrittene Adolf Stoecker begründete sein Engagement allerdings richtigerweise damit, dass das Evangelium das einzige Heilmittel sei zur Gesundung des Volkslebens wie zur dauerhaften Befriedung der sozialen Kämpfe.[71]

Die Moderne und der Bruch

Mit der Katastrophe des Ersten Weltkriegs zerbrach eine Welt und ihre Ordnung. Die unfassbare Brutalität, die unbeschreiblichen Nöte und die unerwartete Niederlage eines „christlichen" Kaiserreiches zerstörten jegliche christliche Illusion. Die Kirchen zogen sich verunsichert und entmachtet aus dem gesellschaftspolitischen Leben zurück.

Der Missbrauch der christlichen Werte und Worte durch den Nationalsozialismus trug dazu bei, das Vertrauen in die christlichen Werte noch mehr zu zerstören. Das Erschrecken über das Ausmaß des Bösen, zu dem Menschen fähig sind, machte eine ganze Welt sprach- und fassungslos. In einem Klima von Trauer, Enttäuschung, Scham, Resignation und Ohnmacht fand man in Europa nur schwerlich den Mut und die Kraft, eine neue, bessere, von christlichen Werten geprägte Welt zu gestalten.

So wurde nach den beiden Weltkriegen zunehmend der Standpunkt betont: Diakonie ist Dienst am Menschen unter Zurücktreten christlicher Belange.[72] Das Interesse verlagerte sich auf den Menschen, teilweise bei Verlust des Religiösen, denn der Mensch stand im Zentrum des Interesses.

Auch in der evangelischen Kirche breitete sich dieses Aufbegehren ebenso schnell wie gründlich aus. Im Verlauf von nur wenigen Jahren hatte sich ihr Erscheinungsbild erheblich verändert. Traditionen verloren an Gewicht, überkommene religiöse Lebensweisen lösten sich auf. Moralische Werte und sittliche Normen verloren innerkirchlich ebenso wie in der gesamten Gesellschaft an Eindeutigkeit und Verbindlichkeit.

Ein neues Phänomen wurden die sogenannten „Gruppen", die unter dem Dach der evangelischen Kirche Zuflucht suchten und fanden: ökologische, pazifistische oder schlicht alternative Kreise von zumeist jungen Menschen. Ob man diese Menschen, die „häufig ihr Desinteresse an Christentum und Kirche nicht verheimlichten, schützen müsse, blieb in Gemeinden und Kirchenleitungen dauerhaft umstritten. Faktisch hielt man in aller Regel doch die Hand über sie".[73]

Damals hatte sich der Schwerpunkt der theologischen und politischen Auseinandersetzungen zwischen den Kirchen in Ost und West auf die Ebene des Ökumenischen Rates der Kirchen (ÖRK) verlagert. Umworben von beiden Blöcken und insofern im Kontext des Ost-West-Konfliktes, traten der Weltöffentlichkeit dann zunehmend die Realitäten in der „Dritten Welt" ins Bewusstsein. Die Kirchen in Asien und Afrika besaßen längst Eigenständigkeit und Selbstbewusstsein. Nun konfrontierten sie die Europäer mit ihren Schwierigkeiten. Die 1966 abgehaltene Weltkonferenz für Kirche und Gesellschaft in Genf, deren Delegierte fast zur Hälfte aus jenen „Entwicklungsländern" stammten, attackierte die westliche Welt und ihr Wirtschaftssystem mit marxistischen Theorien und hielt den Weißen die Not und den Hunger, den Militarismus und verdeckten Kolonialismus vor Augen. Es war in vielfältigen Zusammenhängen von „Revolution" die Rede, vom geforderten Bewusstseinswandel bis zur Gewaltanwendung. In diesen Kontext fiel dann auch das Aufkommen der befreiungstheologischen Ansätze mit ihrer politischen „Theologie der Hoffnung".

Der Blick über die Grenzen

In diesem Zusammenhang muss noch erwähnt werden, dass gesellschafts-politisches Engagement der Christen zu keiner Zeit nur auf eine bestimmte Nationalität oder eine bestimmte Kultur beschränkt war. Der Blick über die Grenzen lässt erahnen, in welchem Maße Christen aus anderen europäischen und außereuropäischen Ländern durch ihren tätigen Glauben ihr gesellschaftliches Umfeld gesehen und beeinflusst haben. Besonders die angelsächsischen Evangelikalen weisen hierbei eine lange Traditionslinie auf, in der die Anwendung der christlichen Botschaft auf die sozialpolitischen Notstände betont wurde. So standen zum Beispiel sowohl in England als auch in den USA die bibeltreuen Christen an vorderster Front im Kampf für die Abschaffung der Sklaverei.

Unbestritten ist unter Historikern etwa der enorme positive Einfluss, den gerade *John Wesley* (1703–1791) auf die gesellschaftliche Entwicklung Englands hatte. Das hing sicher auch mit seinen Verbindungen und der Reichweite seiner Arbeit zusammen.[74] John Stott weist darauf hin, dass Wesley unter Historikern das Verdienst zugeschrieben wird, England mehr als irgendein anderer vor den Schrecken einer blutigen Revolution wie der französischen bewahrt zu haben.[75]

Schon zu seinen Lebzeiten war John Wesley eine gesellschaftlich prägende Persönlichkeit. Er war der Engländer, der mit mehr Landsleuten von Angesicht zu Angesicht sprach als sonst einer in jenem Jahrhundert. Er schrieb die am meisten gelesenen Flugblätter seiner Zeit und war der unbestrittene Kopf eines festen Organismus – der Methodisten. Seine Anschauungen fanden an vielen Orten Beachtung.

Wesley und seine Anhänger konzentrierten sich in erster Linie auf die Verkündigung des Wortes Gottes und die daraus resultierenden gesellschaftlichen Veränderungen.

Weitere prägende Persönlichkeiten stehen für das politische Engagement der Christen zu jener Zeit. Dazu gehört *William Wilberforce* (1759–1833), der sich für die konfessionellen Minderheiten einsetzte und den Kindern durch die Begrenzung der Arbeitszeit half, denn die Kinderarbeit war zu der Zeit noch nicht verboten. Er unterstützte viele karitative Einrichtungen und widmete einen wesentlichen Teil seines Lebens dem Kampf gegen den Sklavenhandel. 1789 hielt er seine erste Anti-Sklaverei-Rede im Parlament. Am 31.7.1834 wurde kurz nach seinem Tod die Sklaverei abgeschafft und damit 800.000 Menschen im Britischen Empire die rechtliche Freiheit geschenkt.[76]

Wilberforce war mehr ein Redner als ein Schreiber, und trotzdem hatten seine Schriften auch in anderen Ländern einen beachtlichen Einfluss auf die Kultur vieler Menschen.

> „Die Missachtung der Kirche gegenüber Sozialreformen kränkt den Heiligen Geist und behindert die religiöse Erweckung." (Charles Finney)

In den Vereinigten Staaten von Amerika war *Charles G. Finney* (1792–1875) der Überzeugung, dass das Evangelium eine treibende Kraft zur Durchsetzung sozialer Reformen sei. Die Missachtung der Kirche gegenüber Sozialreformen kränke dagegen den Heiligen Geist und behindere die religiöse Erweckung. Er betrachtete die Reformierung der Welt als die große Aufgabe der Kirche, weil sie ja ursprünglich eine organisierte Gemeinschaft von Reformern gewesen sei. Deshalb hielt er es für die Pflicht der Christen, alles Menschenmögliche zu tun, um die ganze Welt zu reformieren.

Diese Beispiele machen deutlich, dass es über Jahrhunderte hinweg

„evangelikale" Christen waren, die in Europa und darüber hinaus die oftmals schwierigen Lebensumstände der Menschen wahrnahmen und durch ihr kreatives Engagement verbesserten.

Lesetipps zur Vertiefung

- Erich Beyreuther: *Geschichte der Diakonie und der Inneren Mission in der Neuzeit*. Berlin: Christlicher Zeitschriftenverlag, 1983.
- Michael Klein: *Leben, Werk und Nachwirkung des Genossenschaftsgründers Friedrich Wilhelm Raiffeisen (1818-188)*. Heidelberg: Habelt, 1999.

4. Theologische Barrieren

Nach der biblischen und geschichtlichen Analyse gesellschaftspolitischen Handelns beschäftigen wir uns nun mit verschiedenen systematisch-theologischen Grundüberzeugungen, die die evangelikale Theologie und das Missionsverständnis geprägt haben und heute noch beeinflussen. Wir wollen herausfinden, welche theologischen Positionen das politische Engagement evangelikaler Christen behindert oder sogar verhindert haben.

Das Verhältnis von Kirche und Staat

Wenn wir auf die Entwicklung der letzten Jahrhunderte zurückblicken, muss hinsichtlich der Thematik „Staat und Kirche" festgehalten werden, dass protestantisches Obrigkeitsdenken durch den Pietismus massiv gefördert wurde. Seine Passivität bei politischen und staatsbürgerlichen Pflichten enthob unausgesprochen die Obrigkeit jeder Korrektur durch das Wort Gottes, denn in der Beschränkung auf die persönliche Frömmigkeit war kein Platz für eine Staatsethik.

> In der Beschränkung auf die persönliche Frömmigkeit
> war kein Platz für eine Staatsethik.

Der Einzelne war nur noch für sich und seine Seligkeit verantwortlich, der Staat aber für sämtliche politischen Entwicklungen, einschließlich aller zweifelhaften und unbiblischen Entscheidungen.

Philosophen wie Hegel und vor allem Fichte lieferten dann die theoretische Begründung für die Überbewertung der deutschen Nation. Der Krieg erhielt ein „höheres" und „edleres" Ziel, bis man schließlich im Ersten Weltkrieg sagen konnte: „Unsre Streiter sind nicht bloß Kämpfer für Heimat und Herd, für König und Vaterland, sondern es sind Gottes Heere, sie streiten in seinem Dienst als seine Amtleute und Handlanger."[77]

Der deutsche Protestantismus ging, abgesehen von ganz wenigen Ausnahmen, aufgrund der Verbindung von Thron und Altar diesen Irrweg mit. Somit ist es wichtig, unabhängig von den historischen Verzerrungen und Missbräuchen zu einer differenzierten Haltung zwischen einer vollkommenen Verquickung von Staat und Kirche und der absoluten Trennung beider Bereiche zu kommen.

Von evangelikaler Seite versuchte man an dieser Stelle mit dem Konzept der „Transformation" in Wheaton 1983 einen dritten Weg zu beschreiben. Es wird nicht die Vergeistigung des Heils in die ewige Zukunft, nicht die Schaffung des Reiches Gottes durch bestimmte soziale und politische Ordnungen in der gegenwärtigen Geschichte, sondern die Umsetzung der sozialethischen Werte des Reiches im Glaubensgehorsam schon in der Gegenwart angestrebt.[78]

Die evangelikale Theologie tut sich schwer mit dieser Einladung, denn sie ist geprägt von der Reformation und der Zwei-Reiche-Lehre, die wir in Kap. 2 bereits betrachtet haben. Sie weiß, dass man das in der Bergpredigt anvisierte Verhalten nicht von Menschen verlangen kann, die noch nicht Jünger Jesu geworden sind, denn diese haben die notwendige Voraussetzung des Glaubens nicht und wären durch das Ethos dieses Glaubens hoffnungslos überfordert. Diese Einsicht gilt zudem umso mehr, je mehr die Gesellschaft sich „verweltlicht".

Nach Bockmühl traut der Evangelikalismus somit dem Vorschlag einer Vorwegnahme der Lebensform des Himmelreiches „theologisch nicht über den Weg"[79].

Die Negativfolie: das Social Gospel

Das sogenannte *Social Gospel* des 19. und beginnenden 20. Jahrhunderts ist ein Produkt aus der Verbindung von liberaler Philosophie und Theologie. Die Bedeutung sozio-politischer Transformation ist in dieser theologischen Denkrichtung überaus groß, sie wird aber ganz in humanistischen Kategorien verstanden. Das Königreich ist „die ideale soziale Ordnung, in der die goldene Regel das Gesetz des Lebens ist und der Geist des Dienstes und der gegenseitigen Hilfe höchste Geltung hat."[80]

Nach Ansicht der Vertreter des Social Gospel war in der Vergangenheit die Rettung des Einzelnen das wichtigste Ziel der christlichen Kirche. Aber die dringlichste Aufgabe der Gegenwart sei keine individualistische. Vielmehr müssten die Christen mit einem veralteten und unmoralischen wirtschaftlichen System fertig werden. Es muss daher ein soziales Fundament gelegt werden, auf dem der moderne Mensch in einer Art persönlich leben und arbeiten kann, die seine besten Möglichkeiten entfaltet. Der ererbte christliche Glaube hat sich mit dem Einzelnen beschäftigt, aber die gegenwärtige Aufgabe besteht darin, dass er sich mit der Gesellschaft beschäftigt und beschäftigen muss.[81]

Wohl keine andere theologische Strömung hat die soteriologische Ausrichtung und den evangelistischen Eifer der Erweckungstheologie so nachhaltig infrage gestellt wie die sogenannte Social-Gospel-Theologie. Zu Beginn des 20. Jahrhunderts kam es zu einer wachsenden Polarisierung zwischen den Evangelikalen und Anhängern des Social Gospel, die sich in vielerlei Hinsicht auch wieder in den gegenwärtigen theologischen Konflikten zwischen evangelikaler Theologie und der Theologie der Ökumenischen Bewegung abbildet.[82]

Die Social-Gospel-Bewegung entstand in den 1870er-Jahren in den USA als Reaktion auf die ungerechte Situation, die im Zuge der industriellen Revolution für viele Arbeiter entstanden war. Die Gedanken dieser Theologie wirken heute in verschiedenen Transformationen in sogenannten Genitiv-Theologien fort, wie z. B. in der Theologie der Säkularisation oder in der Theologie der Befreiung.

Der führende Theologe der Bewegung wurde der New Yorker Pfarrer und Professor Walter Rauschenbusch (1861–1918).[83]

Ausgehend von einer evangelikalen Frömmigkeit entdeckte Rauschenbusch die soziale Dimension des Evangeliums und kam zu einer radikalen Neuinterpretation der herkömmlichen theologischen Begriffe. Seine auf Veränderung der Gesellschaft drängende Theologie war geprägt von der Wahrnehmung des „strukturellen Bösen"[84]. Die kapitalistischen Wirtschaftsprinzipien wie Konkurrenzkampf, Spekulationsgeschäfte und Vermögensbildung führten seiner Meinung nach permanent zu sündigem Verhalten.

Unter dem Einfluss der Leben-Jesu-Forschung, der Theologie Adolf von Harnacks (1851–1930) und Albrecht Ritschls (1822–1889) und im Gespräch mit den deutschen religiösen Sozialisten forderte Rauschenbusch eine Verchristlichung der sozialen Ordnung.

In seiner bis heute grundlegenden Untersuchung zur Social-Gospel-Theologie schreibt Visser't Hooft mit Recht:

„Das Social Gospel … ist mehr als eine Anwendung christlicher Grundsätze auf die Gesellschaft; es ist auch eine Anwendung sozialer Grundsätze auf das Christentum; oder um es kurz zu sagen: Es ist eine Form der gegenseitigen Durchdringung religiösen und sozialen Denkens."[85]

Die Sündenlehre wird – in Anlehnung an Friedrich Schleiermacher (1768–1834) – einer grundlegenden Neuinterpretation unterzogen. Sünde wird als soziale und politische Macht verstanden, die zwar individuell durch die Selbstsucht der Menschen bestimmt wird, aber als soziales Phänomen überwunden werden muss. Die Erbsündenlehre bedeutet im neuen Denkhorizont, dass der Mensch besonders von den sozialen und institutionellen Mächten manipuliert und zum Bösen verführt wird.

Entsprechend bedeutet Bekehrung und Erlösung zwar auch Heilung von der Selbstsucht, dann aber vor allem „Bekehrung der autokratischen mammonistischen Organisationen"[86]. Hendrikus Berkhof bemerkt zu Recht, dass Rauschenbusch kein Verständnis für die Rechtfertigung gehabt hat. Erlösung ist für Rauschenbusch Heilung von der Selbstsucht. Sie ist ebenso wie die Sünde im Wesentlichen auf den Mitmenschen bezogen.

Nachdem in der Social-Gospel-Bewegung aus dem „Reich Gottes" ein politisches Thema geworden war, ist es geradezu verständlich, dass die Reaktion der evangelikalen Bewegung sich auf Evangelisation und persönliche Hilfeleistung konzentrierte und man sich von sozialpolitischen Aktivitäten fernhielt.[87]

Das Verständnis vom Reich

Worin besteht nun dieses „Reich Gottes", dessen Kommen von Jesus angekündigt und das schon in seiner eigenen Person und seinem Werk in diese Welt einzubrechen begann?

Der Begriff selbst ist anspruchsvoll, was in Luthers treffender Übersetzung vom „Königreich" zum Ausdruck kommt. Hier regiert einer, gibt einer den Ton an, bestimmt einer, was gilt und was nicht gilt. Der Eine ist Gott, weshalb Matthäus auch vom „Himmelreich" spricht. In Gottes Reich übt Gott selbst die Herrschaft aus, geschieht der Wille Gottes, wie es im Himmel eben der Fall ist (vgl. Mt 6,10). Doch macht Jesus gleichzeitig gegenüber dem verunsicherten Pilatus deutlich, dass sein Herrschaftsbereich und sein Umgang mit Macht sich von den Gepflogenheiten Roms unterscheiden (Joh 18,36; 19,10f).

Ist dieses Königreich eine rein geistliche Wirklichkeit, die in keinem Zusammenhang mit weltlichen Dingen wie Politik und sozialer Aktivität steht? Oder enthält es eine Botschaft im Blick auf das politische und soziale Engagement? Könnten die sozialen und politischen Aktionen sogar Bestandteil des Reiches Gottes sein?

Dieses Spektrum an Fragen zeigt: Die Reich-Gottes-Thematik ist von großer Bedeutung im Hinblick auf den Stellenwert und die Ausprägung politischen Engagements. Deshalb müssen wir uns an dieser Stelle eingehender mit dem Thema beschäftigen.

Vom Reich-Gottes-Konzept geht eine starke Faszinationskraft aus, weil in ihm die Integration der polarisierten Positionen vermutet wird. Im Reich-Gottes-Konzept lassen sich sowohl Evangelisation als auch soziale Aktion, Verkündigung und Schweigen, politischer Widerstand und geduldiges Leiden, Aktion und Kontemplation zusammenbringen. Alles dies kann als jeweiliger Ausdruck der Berufung, das Reich Gottes in dieser Welt darzustellen, verstanden werden.[88]

Oliver Barclay führt an, weshalb eine Begründung der Sozialethik für eine aus Christen und Nichtchristen bestehende Gesellschaft mit dem Begriff des „Reiches Gottes" unbrauchbar ist, und plädiert für eine Begründung aus der Schöpfungsordnung[89]:

Erstens kann das Reich Gottes nur für Glaubende normierende Bedeutung haben. Voraussetzung für die Zugehörigkeit zum Reich Gottes sind Buße, Glaube und Nachfolge Christi. Wer nicht Buße getan hat und nicht glaubt, steht außerhalb des Reiches, auch wenn er in mancher Beziehung Gottes Willen tut.

Zweitens kommt im Neuen Testament der Begriff des Reiches Gottes außerhalb eines jüdischen Kontextes kaum vor – wahrscheinlich deshalb, weil er nur auf dem Hintergrund des Alten Testaments verstanden werden kann, ohne Verwirrung anzurichten. In einem heidnischen Kontext wird der Begriff gewöhnlich durch andere, nämlich christologische Konzepte wie „Evangelium" ersetzt (vgl. Kol 4,11 mit Phil 4,3).

Schon da und noch unterwegs

Vom biblischen Befund her verbieten sich sowohl eine ganz und gar futurische wie auch eine weltimmanente Reich-Gottes-Vorstellung. Vielmehr ist das Reich Gottes in der Inkarnation Jesu in einzigartiger Weise in die Geschichte dieser Welt eingetreten, sodass eindeutig zwischen Israels theokratischer Verfassung mitsamt der damit verbundenen national-religiösen Sendung und der Mission Jesu und seiner Kirche unterschieden werden muss. Insofern kann die Kirche nicht als Prototyp einer neuen humanen Gesellschaft gesehen werden. Das schließt aber nicht aus, dass Christen in der Erwartung der kommenden Herrschaft Christi als Bürger in ihrer jeweiligen Umgebung förderlich wirken sollen.

Gegenüber dem eher auf die Zukunft ausgerichteten Reich-Gottes-Verständnis betont René Padilla im Besonderen die Gegenwart des mit Jesus Christus schon angebrochenen Reiches. Die Vollendung werde zwar noch für die Zukunft erwartet, aber ausschlaggebend für die Gemeinde sei die Erfüllung der alttestamentlichen Erwartung der Gottesherrschaft. Die Kirche sei nicht nur eine geistliche unsichtbare Wirklichkeit, sondern in der gegenwärtigen Weltzeit das sichtbare Zeichen der erwarteten vollkommenen Gottesherrschaft. So stelle sie die Reich-Gottes-Ethik dar, eine Vorausdarstellung der neuen Menschheit. Gute Werke seien ein unverzichtbarer, integraler Bestandteil der Manifestation des Reiches Gottes in der Gegenwart.[90]

> Die Kirche ist in der gegenwärtigen Weltzeit
> das sichtbare Zeichen der erwarteten
> vollkommenen Gottesherrschaft.

Gegen die Spiritualisierung des Reiches Gottes zu einer jenseitigen Realität muss besonders von den Evangelikalen stärker beachtet werden, dass das Gottesreich in Christus bereits aufgerichtet ist. Der entscheidende Umbruch in der Geschichte hat bereits stattgefunden. Es gibt daher eine gewisse Kontinuität zwischen dem gegenwärtigen und dem zukünftigen Äon:

„Die Bibel betont, dass es einen Bruch gibt zwischen diesem und dem kommenden Zeitalter – das wollen wir nicht übergehen. Gleichzeitig muss aber auch herausgestellt werden, dass die Bibel ebenso von einer gewissen Kontinuität spricht. Wir sollen uns schon hier und jetzt für eine bessere Welt einsetzen, weil wir wissen, dass alles, was in dieser Welt gut, schön, wahr und gerecht ist, auf eine bestimmte Weise erhalten und vervollkomnet wird in der neuen, kommenden Welt." (Peter Kuzmic)[91]

Nach Kuzmic hat der gegenwärtige Einsatz für eine bessere Welt auch Bedeutung für die Ewigkeit. Die aktive Teilhabe am Reich Gottes findet im erneuerten Lebensstil und in der Ethik des Christen seinen sichtbaren Ausdruck. Maßstab für die Ethik sind die zeitlos und universal gültigen Werte des Reiches Gottes wie Liebe, Gerechtigkeit, Friede, Freiheit, Gleichheit und Einheit. Nicht nur der Einzelne ist dabei gefordert, sein Leben an dem erwarteten Gottesreich zu orientieren, sondern die Christen sind insgesamt dafür verantwortlich, die Wertmaßstäbe des Reiches Gottes in die sozialen Beziehungen und in die gesellschaftlichen Strukturen hineinzutragen.

Nach Meinung von Gordon Moyes ist gerade die Gegenwart der Herrschaft Christi im Hier und Jetzt die eigentliche Herausforderung der christlichen Botschaft und führt die Kirche zum konkreten sozialpolitischen Handeln.

Die Gemeinschaft unter der Herrschaft Christi soll eine Herausforderung an die alte Gemeinschaft nach den Ordnungen der Welt darstellen und in die Welt hineinwirken, indem durch die Reich-Gottes-Gemeinde einige Werte des Reiches in die Gesellschaft überfließen. Aufgabe der Christen ist es demzufolge, die Welt mit Werten des Reiches Gottes zu durchdringen. Indem Christen etwa Nächstenliebe oder Vergebung oder Ehrlichkeit praktizieren, verändern sich Umgangston und Umgangsstil in ihrer Umgebung. Menschen außerhalb der Gemeinde kommen auf diese Weise mit den Gesetzmäßigkeiten Gottes in Berührung und in den Genuss deren lebenserhaltender Werte.

Die Theologen Vinay Samuel und Christopher Sugden zeigen in einem Gang durch das Alte und Neue Testament, dass Gottes Heilsabsicht und Bundeswille von Beginn an nicht allein auf das erwählte Volk Israel oder später auf die besondere Gemeinschaft der Kirche beschränkt ist, sondern schon immer alle Völker im Blick hatte. Daraus wird abgeleitet, dass Christen an zwei Aspekten der einen Geschichte Gottes mit der Welt teilhaben: zum einen an der jüdisch-christlichen Geschichte und zum anderen an der allgemeinen Völkergeschichte. Samuel schreibt: „Diese zweifache Geschichte ist vereint unter dem Schirm des Königreichs Gottes."[92]

Schon Georg F. Vicedom hatte das Reich Gottes als integrierende Kategorie der „Missio Dei" verstanden: „Der Begriff ‚Reich Gottes' ist die umfassende Beschreibung dessen, was Gott durch seine Kirche für den Menschen tun will."[93]

Gott regiert schon jetzt die Welt. Er erneuert und verändert sie im gegenwärtigen Zeitalter. Die Kirche hat die Aufgabe, diese Herrschaft Gottes zu proklamieren und Gerechtigkeit aufzurichten in beiden Bereichen, in denen sie lebt, sowohl in der Kirche als auch in der Welt.

In der Kirche geschieht das durch die Verkündigung des Evangeliums, durch die Sammlung zur Gemeinde, durch die Vergebung der Sünden und durch die Heiligung in der Nachfolge.

In der Welt hingegen geschieht es durch die Bemühung, Gottes Ordnungen in sozialen und politischen Reformen durchzusetzen. Da Gott Gerechtigkeit für die Völker will, scheint es selbstverständlich, dass die Kirche nicht nur an Seelengewinnung für Christus interessiert sein kann, sondern auch bestrebt sein muss, Gottes Gerechtigkeit direkt in dieser Zeit und Welt durchzusetzen.

Mission ganzheitlich

Entsprechend erhält Mission in diesem Konzept eine doppelte Ausrichtung: Zum einen zielt sie auf die Bekehrung von Sündern, zum anderen auf den Einsatz für soziale Reform und materielles Wohlergehen. Weite Teile der evangelikalen Missionsbewegung haben diese Gedanken eines ganzheitlichen Missionsverständnisses aufgenommen. Zugleich hat sich aber gerade das Reich-Gottes-Thema immer wieder als höchst brisant erwiesen. In der einen oder anderen Form traten in der ökumenischen Missionstheologie zu diesem Thema zwei grundlegend gegensätzliche Haltungen auf. Die eine, die das Reich Gottes als geistliche und zukünftige Realität versteht, während die andere das Reich Gottes als Hoffnungsimpuls zu optimistischem weltlichem Fortschrittsglauben ansieht.[94]

Sicherlich ist an der Frömmigkeit von Pietismus und Erweckungsbewegung mit Recht kritisiert worden, dass das Reich Gottes spiritualisiert und individualisiert und im Hinblick auf das Tausendjährige Reich zu sehr verjenseitigt wurde.[95] Aber insgesamt muss festgehalten werden, dass man letztlich durch jegliche Festlegung des Reiches Gottes – sei es nun durch eine Verdiesseitigung oder eine Verjenseitigung – dem Reich Gottes in seiner Komplexität nicht gerecht wird.

Grundsätze, Leitlinien und Markierungspunkte der biblischen Reich-

Gottes-Vorstellung können und sollen in diesem geschaffenen und somit auch im Kern politischen Kontext so weit wie möglich umgesetzt werden. Zugleich muss aber bewusst bleiben, dass die letztendliche Vollendung dieses Reiches selbstverständlich nicht im Rahmen der „gefallenen" Welt vonstattengehen kann.

Der Gedanke der Gottesherrschaft hat immer wieder dazu verleitet, die Herrschaft Gottes in der Gemeinde schon jetzt auf die noch unter den Gesetzen der alten Schöpfung stehende Welt zu übertragen. So hat sich der Gedanke der Theokratie im Mittelalter in der Zielvorstellung des über der weltlichen Macht stehenden Papsttums bis in die Gegenwart fortgesetzt und wird heute z. B. in der Theologie der Befreiung wirksam.[96] Aber die Herrschaft Gottes kann grundsätzlich nicht mit den Mitteln der Gewalt, wie sie die weltliche Regierungsmacht nach Röm 13 gebrauchen muss, sondern nur durch Wort und Geist und in der Liebe verbreitet werden (vgl. Röm 12).

Oliver Barclay ist zuzustimmen, wenn er sagt: „Wenn die Bibel über das Reich Gottes spricht, hat sie viel zu sagen über die persönliche Ethik und die Kirche, aber, ich gebe es zu, sie sagt dabei nichts über eine gesellschaftliche Ethik in einer vermischten Gesellschaft."[97]

In der Person und Mission Jesu ist das Königreich Gottes bereits in die menschliche Geschichte eingetreten, um das Böse zu überwinden. Die Menschen sollen von seiner Macht befreit werden und in die Gegenwart der Gottesherrschaft gebracht werden. Am Anfang des öffentlichen Wirkens Jesu steht eine programmatische Zusammenfassung seiner ganzen Botschaft: „Tut Buße, denn das Himmelreich ist nahe herbeigekommen!" (Mt 4,17; vgl. Lk 21,31).

Dieses Wort ist die Mitteilung einer Tatsache, die in der nahen Zukunft bevorsteht (vgl. Joel 1,15; „Der Tag des Herrn ist nahe und kommt wie das Verderben …"). Das Reich Gottes kommt auf jeden Fall. Diese Tatsache gilt ganz unabhängig von irgendwelchen menschlichen Voraussetzungen oder Reaktionen der Menschen. Das Reich Gottes kommt, weil Gott es hervorbringt. Das ethisch korrekte Verhalten der Menschen scheint diesbezüglich irrelevant zu sein. Gott allein ist es, der die Ankündigung Jesu realisiert und das Reich Gottes heraufführt. Dem entsprechen auch andere Aussagen der Evangelien, so z. B. Mk 4,28 (das Reich kommt „automatisch"), Mt 5,3ff (die Zusage der Anteilhabe am Reich Gottes bezieht sich zwar teilweise auf bestimmtes sittliches Verhalten, das Reich selbst aber wird nicht durch dieses Verhalten herbeigeführt), Mt 6,10 („dein Reich komme") und Mk 9,1 („einige der hier Stehenden werden den Tod nicht schmecken, bis sie das Reich Gottes in Kraft kommen sehen"). Diese Tatsache sollte uns jedoch nicht in die Zuschauerrolle drängen, sondern eher dazu motivieren, engagierter Teil dieses garantiert kommenden „Erfolges" zu sein.

Wir sehen: Nur dort, wo das Reich Gottes zugleich als angebrochen, entstehend und noch bevorstehend begriffen wird, werden sich Christen dafür einsetzen, zumindest ansatzweise das Wesen des kommenden Himmelreichs in ihrem Lebensumfeld sichtbar und erfahrbar zu machen.

Das Verständnis vom Heil

Humanisierung, Entwicklung, Wiederherstellung, Befreiung und Gerechtigkeit sind für Christen sicherlich erstrebenswerte Ziele – sie machen aber nicht das „Heil" aus, das Gott der Welt in und durch Christus anbietet. Das Heil durch den Glauben an den gekreuzigten und auferstandenen Christus ist ein geistlich-ethisches und nicht ein leiblich-materielles. Es bedeutet Befreiung von der Sünde und nicht vom Leid. John Stott ist der Ansicht, dass derjenige, der sozio-politische Befreiung Heil und soziale Aktivität Evangelisation nennt, sich einer schwerwiegenden theologischen Begriffsverwirrung schuldig macht. Er vermischt, was die Schrift getrennt hält – Gott den Schöpfer und Gott den Erlöser, Gerechtigkeit und Rechtfertigung, allgemeine Gnade und Heilsgnade, die Neugestaltung der Gesellschaft und die Erneuerung des Menschen. Biblisch verstanden sei Heil weder leibseelische Wiederherstellung noch sozio-politische Befreiung, sondern vielmehr persönliche Freiheit von Sünde und ihren Folgen.[98]

Der norwegische lutherische Missionswissenschaftler Ludvig Munthe plädiert für eine klare Differenzierung zwischen dem *Heils*handeln Gottes und seinem *Schöpfer*handeln in der Erhaltung der Welt. Das Wirken für soziale Verbesserungen und für Gerechtigkeit in dieser Welt beziehe sich nicht auf das Heil und stelle keine Vorwegnahme des Reiches Gottes dar, sondern „entspringe dem Gehorsam gegen das kulturelle Mandat."[99]

Ronald Sider hingegen untersucht exegetisch und missionstheologisch, ob der Begriff des Heils auf die persönlichen und sozialen Veränderungen, die sich in einem Menschen vollziehen, wenn er an Christus glaubt, beschränkt ist, oder ob er auch Entwicklungen zu mehr Gerechtigkeit und Frieden in der Gesellschaft außerhalb der Gemeinde umfasst. Seine Untersuchung des Alten Testaments ergibt, dass „Heil" jeden Aspekt des Lebens einschließlich des materiellen Wohlergehens, der Gerechtigkeit für die Armen und des Fortbestands der Nation Israel betrifft.[100]

„Heil" betrifft jeden Aspekt des Lebens.

Auch im Neuen Testament ergibt sich ein ähnlicher Befund. Sowohl in den Evangelien als auch in den paulinischen und anderen Schriften betrifft das „Heil in Christus" den individuellen wie auch den gesellschaftlichen Aspekt. In Lk 19,8 wird beschrieben, dass Zachäus zu Jesus sagt: „Siehe Herr, die Hälfte von meinem Besitz gebe ich den Armen, und wenn ich jemanden betrogen habe, so gebe ich es vierfach zurück." Jesus nennt diesen Verzicht und diese neue Bindung „Heil", indem er antwortet: „Heute ist diesem Hause Heil widerfahren" (Lk 19,9).

Samuel Escobar kritisiert ein weitverbreitetes, rein eschatologisch-zukünftiges Verständnis der Heilsbotschaft, in dem die Bekehrung lediglich als eine rationale Entscheidung hinsichtlich der individuellen Zukunft nach dem Tod dargestellt wird.

Auch René Padilla wendet sich eindringlich gegen die einseitige Betonung der persönlichen Verlorenheit und des Rufes zur individuellen Bekehrung, die den größeren Teil evangelikaler Missionstätigkeit präge. Dieses Heilsverständnis werde aber „dem biblischen Zeugnis nicht gerecht, bewirke keinen Gehorsam in der Nachfolge Christi, sondern führe zu einer Unsensibilität gegenüber dem sozialen und politischen Status quo."[101]

So gesehen kann auch in der Frage des Heils die Vorstellung eines Verwandlungs- und Veränderungsvorgangs hilfreich sein, der beschrieben werden kann, als die „Veränderung eines Zustandes der menschlichen Existenz, der dem Willen Gottes nicht entspricht, in einen Zustand, in dem die Menschen sich der Fülle eines Lebens im Einklang mit Gott erfreuen können"[102]. In diesem Sinne wird dann zwar auch soteriologisch von der befreienden Kraft des Evangeliums gesprochen, aber das Heilsverständnis als rechtfertigendes Geschehen tritt ganz hinter die verändernden Wirkungen des Heils in den sozialen Beziehungen zurück.

Mission wird in dieser Transformationstheologie zum umfassenden Bestreben, Menschen, Kulturen und Gesellschaften unter die Herrschaft Christi zu stellen. Wo Heil ausschließlich im Rahmen individueller Rettung der Seele verstanden wird, kann keine Motivation zur Veränderung der Gesellschaft entstehen, denn die Bewahrung dieses Heils kann dann nur darin liegen, die errettete Seele inmitten aller Hindernisse bis zur Wiederkunft Christi durchzubringen.

Wo der Heilsbegriff ganzheitlich gesehen wird,
werden sich Christen für eine Veränderung
der gesellschaftlichen Verhältnisse einsetzen.

Wir sehen: Nur dort, wo der Heilsbegriff umfassender und ganzheitlicher gesehen wird als lediglich die Rettung der Seele, werden sich Christen für eine Veränderung der gesellschaftlichen Verhältnisse einsetzen.

Wenn die Welt sowieso untergeht – die Lehre der letzten Dinge (Eschatologie)

Das Ziel entscheidet über den Weg, die Zielperspektive über die Motivation. Dass die Geschichte Gottes größer und umfassender ist als die Geschichte der Erde und ihrer Menschen, steht theologisch außer Frage. Doch welcher Zusammenhang besteht zwischen den unterschiedlichen eschatologischen Konzepten und der individuellen Lebensgestaltung in der Gegenwart? Welchen Einfluss hat gerade die christliche Zukunftserwartung auf das soziale und politische Handeln?

Hier gibt es drei Themenbereiche, die im Hinblick auf gesellschaftspolitisches Engagement relevant sind. Zum einen muss mit der Lehre verschiedener Heilsabschnitte (Dispensationalismus) die theologische Basis eines Großteils evangelikaler Eschatologie betrachtet werden, um zu verstehen, in welchem zeit- und heilsgeschichtlichen Zusammenhang sich viele evangelikale Christen sehen. Anschließend wird auf die Lehre vom 1000-jährigen Reich eingegangen und eruiert, welche Konsequenzen diese Lehre in der Motivierung und Ausrichtung hervorruft. Als dritter Bereich muss auch der eschatologische Aspekt heilsrelevanter (sog. soteriologischer) Fragestellungen betrachtet werden, um sozialethische Konsequenzen daraus abzuleiten und mögliche Barrieren für ein ganzheitliches Missionsverständnis zu identifizieren.

Der Dispensationalismus

Will man einen theologischen Ansatz verstehen, dann ist es wichtig, die Hintergründe zu kennen, die zu seiner Entstehung führten. Kennt man das Anliegen, dann weiß man auch, welche Voraussetzungen dem theologischen System zugrunde liegen.

Schon bei den Kirchenvätern lassen sich Tendenzen feststellen, das Handeln Gottes in dieser Welt und die damit verbundene Offenbarung in verschiedene Perioden einzuordnen. Justin der Märtyrer (110–165) stellt in seinen „Dialogen mit Trypho" bereits ein Konzept von verschiedenen Programmen Gottes im Alten Testament vor.

Irenäus (130–200) unterscheidet zwischen vier prinzipiellen Bünden Gottes (mit Adam, Noah, Mose und Christus), die von Clemens von Alexandria noch um den Bund mit Abraham erweitert werden.

Augustin stellt ebenfalls fest, dass Gott in jedem Zeitalter weiß, wie er mit den Menschen verfahren muss. Diese Ansätze wurden von Pierre Poiret (1646–1719), einem französischen Mystiker und Philosophen, von John Edwards (1639–1716) und von Isaac Watts (1674–1748) aufgenommen und erweitert, erlangten aber noch keine Popularität. Erst die Lehre der Wiederkunft Christi vor dem 1000-jährigen Reich (Prämillennialismus) bildete den Hintergrund für eine Neubestimmung des Verhältnisses zwischen Altem und Neuem Testament, von der weite Teile der evangelikalen Bewegung geprägt sind.

Gnade oder Gesetz?

Der Dispensationalismus hat seinen eigentlichen Ursprung in der anglo-amerikanischen Apokalyptik des 19. Jahrhunderts. John Nelson Darby (1800–1882), ein sehr erfolgreicher Prediger in der anglikanischen Kirche, war von der uneffektiven Gesetzlichkeit des kirchlichen Lebens seiner Zeit frustriert. Seine Bekehrung hatte ihm Gottes Gnade und die Vollkommenheit des Evangeliums sehr wichtig werden lassen, sodass er sich gegen jede Form von Werkgerechtigkeit wehrte. Deshalb kritisierte er auch die Überbewertung des Alten Testaments als kirchlichem Moral-Katalog, durch die die Annäherung an den Staat gerechtfertigt werden sollte. Sein endgültiger Bruch mit der anglikanischen Kirche wurde durch einen Erlass des Erzbischofs ausgelöst, der besagte, dass jeder Geistliche sich auf den König als Oberhaupt der Kirche verpflichten müsse. Diesen Erlass konnte Darby mit seinem christlichen Glauben nicht vereinbaren.

Für Darby war die Überlegenheit der Gnade über das Gesetz so wichtig, dass dies zum Grundsatz seines biblischen Verstehensprinzips wurde. Das führte ihn schließlich zu einer radikalen Trennung von Gnade und Gesetz, die er unterschiedlichen Heilszeitaltern („Dispensationen") zuordnete.

An der Ausbreitung des Dispensationalismus waren vor allem zwei Personen maßgeblich beteiligt: Cyrus I. Scofield (1843–1921) und Lewis

Sperry Chafer (1871–1952). Scofield erstellte die Scofield Reference Bible (1909), in deren Vorwort auf die Diskontinuität zwischen Israel und der Gemeinde und auf die verschiedenen Dispensationen hingewiesen wird und in der bestimmte, umstrittene Bibelstellen so übersetzt und ausgelegt sind, dass sie das dispensationalistische System unterstützen. Durch diese viel gelesene Bibel wurde der Dispensationalismus populär. Systematisiert hat ihn Chafer, der Gründer des *Dallas Theological Seminary*. Dieses Seminar wurde allerdings nicht mit der Absicht gegründet, die Lehre des Dispensationalismus zu verbreiten, sondern sollte allgemein Studenten in der Bibelauslegung schulen. Da diese Auslegung aber nach dem Grundsatz der „literal interpretation" (eines der Hauptmerkmale der dispensationalistischen Lehre, wonach die Bibel in ihrem wörtlichen Sinn verstanden und interpretiert wird.) geschieht, gilt das Dallas Seminary bis heute als Hochburg des Dispensationalismus.

Alles zu seiner Zeit

Der Dispensationalismus ist ein System, das die Geschichte von Gottes Handeln an der Welt in zeitliche Perioden einteilt, die „Dispensationen" genannt werden. Nach Ryrie bezeichnet eine Dispensation eine bestimmte Zeitspanne in Gottes Heilsgeschichte, in der eine charakteristische geistliche Zielsetzung erkannt werden kann, die sie von anderen unterscheidet.[103]

Die Ansichten darüber, wie viele dieser Dispensationen es gibt, variieren. Unumstritten sind dabei die folgenden fünf: vor dem Sündenfall, vor dem mosaischen Gesetz, das Zeitalter des Gesetzes, das Zeitalter der Gnade durch Christus, das zukünftige Königreich (Millennium). Darüber hinaus werden von manchen noch weitere Einteilungen vor Mose vorgenommen.

Was glaubt ein Dispensationalist? Auch darüber bestehen unterschiedliche Ansichten, denn der Dispensationalismus hat sehr verschiedene Ausprägungen. Charles Ryrie hielt jedoch für unverzichtbar, dass zwischen Israel und Gemeinde scharf unterschieden wird. Israel ist das irdische Gottesvolk (mit eigenen Verheißungen und eigenem Zugang zu Gott), die Gemeinde das himmlische bzw. geistliche (mit dem Glauben an Christus als Heilsweg).[104] Entsprechend verknüpft sich mit dem Millennium die Erwartung, dass hier die noch offenen Verheißungen an Israel erfüllt werden.

Kritiker werfen dem Dispensationalismus zahlreiche Unzulänglichkeiten vor: Die behauptete wörtliche Auslegung der Bibel würde gerade im eschatologischen Kontext ihrer Bildersprache nicht gerecht; die Vorstellung einer Diskontinuität zwischen Israel und der Gemeinde sei nur schwer mit zentralen Heilsaussagen im Neuen Testament zu vereinbaren; die Einteilung der Heilsgeschichte sei zum Teil willkürlich vom theologischen Modell an den Text herangetragen; die Ansichten über das Millennium wären zum Teil entsprechend der konzeptionellen Notwendigkeiten ausgestaltet; die Vorstellung von einer progressiven Offenbarung Gottes in der Geschichte der Menschheit sei anderen philosophischen oder theologischen Systemen entlehnt.

Wir sehen: Christen, die den Dispensationalismus ernst nehmen, pflegen eher ein individualistisches Heilsverständnis. Sie sehen sich in einer Welt, in der alles schlimmer wird und am Ende die Katastrophe steht. Da die gesellschaftspolitischen Aussagen des Alten Testaments allein Israel gelten, fehlen verbindliche Modelle, um Gesellschaften in der Gegenwart zu prägen. Der Theologe Bruce Milne schreibt:

Die Ansicht, Gottes Absicht in der Gegenwart sei nur das Herausrufen einer ausgewählten Gruppe aus einer im Großen und Ganzen ungläubigen Generation, gibt dem ganzen Konzept christlichen Lebens und der Kirche und ihrem Auftrag einen Pessimismus und eine Entfremdung von der Welt, die zu den schwerwiegendsten praktischen Schwächen des Dispensationalismus gehören.[105]

Der Prämillennialismus

Im Konzept des Dispensationalismus spielt das „Tausendjährige Friedensreich" als nächste, noch ausstehende Stufe oder Etappe eine wichtige Rolle. Der Millennialismus bezieht sich dabei auf visionäre Aussagen der

Bibel über ein goldenes Zeitalter, das am Ende der Geschichte anbrechen soll.

Nach prämillennialistischer Auffassung wird Jesus vor dieser Zeit wiederkommen (*prä*, lat. vor). Natürlich hat eine solche Vorstellung einen großen Einfluss auf eine politische Ethik.

Als die Puritaner die Neue Welt besiedelten, nahmen sie Calvins Drei-Epochen-Schema mit. Besonders nach der „Großen Erweckung" ab den 30er-Jahren des 18. Jahrhunderts (Jonathan Edwards, George Whitefield) wurde die millennialistische Sichtweise zur gemeinsamen Überzeugung der amerikanischen Protestanten. Die Puritaner hatten keinen Zweifel daran, mitten in Calvins dritter Epoche und damit kurz vor der Ausbreitung des Königreichs Christi bis an die Enden der Erde zu sein. Aus diesem Grund riskierte man zunehmend Berechnungen über den Tag, an dem das Millennium beginnen würde.

Man sah einen Zusammenhang zwischen Christi Wiederkunft und der umfassenden Evangeliumsverkündigung. Wenn die Anzahl der rechtgläubigen Christen erreicht wäre, würde das Millennium anbrechen. Vor diesem Hintergrund ist verständlich, dass Leute wie Dwight L. Moody (1837–1899) sämtliche Lehren hinsichtlich ihrer Eignung für die Evangelisation prüften. Seine eigenen Predigten beurteilte er danach, ob „sie Sünder bekehren können"[106].

Im Laufe der Zeit wurde angesichts dieses Rettungseifers unter den bekehrten Evangelikalen praktisch jedes progressive Sozialinteresse – ob politisch oder privat – suspekt und spielte eine untergeordnete Rolle. Allerdings waren sich Moody und andere dennoch sicher, dass Evangelisation definitiv auch soziale Konsequenzen habe. Sobald evangelisiert würde und sich Menschen bekehrten, würde unvermeidlich die Besserung der Moral folgen. Die einzelnen Bekehrungen würden schließlich soziale Verbesserung produzieren. Diese Sichtweise wurde in zunehmendem Maße kommuniziert und ist auch heute noch in evangelikalen Kreisen populär.

Besser oder schlechter?

Im Gegensatz dazu stand die feste Überzeugung – besonders in Kombination mit dispensationalistischer Überzeugung –, dass die Dinge auf Erden nach und nach schlechter würden und in einer Zeit schrecklicher Trübsal endeten. Rettung bedeutete hier, von der Welt gerettet zu sein. Dieses war ohne Zweifel eine entscheidende Abkehr von der dominierenden Tradition des amerikanischen Evangelikalismus, bei der sich eine viel positivere Sicht der Reformfähigkeit der Gesellschaft fand.

Rettung bedeutete hier, von der Welt gerettet zu sein.

Die vorhersagbare Reaktion der europäischen Evangelikalen war eine noch absolutere Antithese zwischen Evangelisation und sozialem Engagement. Vertreter des Prämillennialismus und des Dispensationalismus, die beide die evangelikale Missionsarbeit beherrschten, werden deshalb beschuldigt, zur Verkümmerung des sozialen Bewusstseins beigetragen zu haben.

Das ausgehende neunzehnte Jahrhundert war eine Zeit des gewaltigen Fortschritts und des Optimismus in den westeuropäischen Kulturen, und während dieser Zeit wurden in der weltweiten Ausbreitung der Botschaft des Evangeliums beträchtliche Erfolge erzielt. Die Evangelisierung der Welt schien in wenigen Jahrzehnten möglich.

Dieser strahlende Optimismus wurde besonders durch die beiden Weltkriege und durch viele Probleme, denen sich die Welt heute gegenüber sieht, völlig zerstört.

Mit der Erwartung des sogenannten Tausendjährigen Reiches hat sich in der Geschichte der Kirche immer wieder die Hoffnung auf eine schrittweise kontinuierlich sich durchsetzende Herrschaft Gottes verbunden, die schließlich in das Tausendjährige Reich einmündet. Nach Burkhardt[107] steht jedoch dieser Fortschrittsoptimismus im Widerspruch zur „realistischen biblischen Enderwartung, in der gerade der Höhepunkt einer antichristlichen Entwicklung der Geschichte dem Kommen Christi vorausgeht" (Mt 24; Mk 13; Offb 13-19).

Diese antichristliche Entwicklung manifestiert sich auch in den theologischen und moralischen Merkmalen des Abfalls, die z. B. in 1Joh 2,22f oder 2Tim 3,1ff beschrieben werden. Je näher wir der Trübsal, dem eingeläuteten Ende und der nahenden Wiederkunft Jesu kommen, desto dramatischer wird sich der Abfall vom Glauben vollziehen.

Lieber nicht

Die Vorstellungen vom Tausendjährigen Reich machen das gesellschaftliche oder politische Engagement von Christen zu einer fragwürdigen Angelegenheit. Und das in mehrfacher Hinsicht.

Die in Offb 17,13 erwähnte „Hure Babylon" ist ausgestattet mit politischer Machtfülle – die sie schon vor der Trübsalszeit eingefädelt hat. Diese Sichtweise stellt zwangsläufig jegliche politische Führung unter Generalverdacht und macht es schwer, politischen Systemen neutral oder gar positiv gegenüberzustehen.

> Diese Sichtweise stellt zwangsläufig jegliche politische Führung unter Generalverdacht.

Nach Ryrie regiert im Tausendjährigen Reich Jesus als Theokrat von Jerusalem aus, unterstützt durch biblische Personen.[108] Jesus Christus wird persönlich, sichtbar, absolut und gerecht regieren (Dan 7,14; Offb 19,15). Angesichts einer solchen Perspektive muss zwangsläufig jede demokratische menschliche Regierungsform als mangelhaft durchfallen.

Im Friedensreich wird Christus mit den auferweckten Heiligen regieren – zunächst über alle, die die Trübsal überleben und in irdischen Körpern bleiben. Welcher gläubige Christ sollte sich also jetzt in eine mühevolle und von Kompromissen abhängige Politik stürzen wollen, wenn er doch die Aussicht hat, im Millennium von exponierter Stellung aus regieren zu können?

Das apokalyptische Bild polarisiert und lässt zwei Gruppen hervortreten: die Guten und die Bösen. Da drängt sich zwangsläufig die Frage auf, wer als ernsthafter Christ einer Regierung angehören möchte, die eventuell in die Entwicklung einer Welteinheitsregierung verstrickt ist? Und selbst wenn es nicht zur antichristlichen Welteinheitsregierung kommen sollte, wäre man auf jeden Fall auf der Machthaber-Seite und damit auf der „falschen" Seite.

Wir sehen: Vor dem Hintergrund des Millenniums erscheint es sicherer und klüger, die gegenwärtigen Leiden möglichst unanstößig und unauffällig hinter sich zu bringen, nur um dann in der erwarteten Heils- und Friedenszeit an der Herrschaft der Gotteskinder beteiligt zu sein. Wo Christen sich mehr auf ihren Weggang als auf das Kommen Christi und die Erlösung der Schöpfung konzentrieren, ist für ein mutiges und hoffnungsvolles gesellschaftspolitisches Engagement kein Platz.

> Wo Christen sich mehr auf ihren Weggang
> als auf das Kommen Christi konzentrieren,
> ist für ein mutiges und hoffnungsvolles
> gesellschaftspolitische Engagement kein Platz.

Die Prädestinationslehre und das „Jüngste Gericht"

Im Rahmen der Eschatologie ist ein wesentliches Ereignis das sogenannte „Jüngste Gericht", an dem sich Errettung und Verdammung scheiden. In diesem Zusammenhang ist es jedoch wichtig, vorher einen Blick auf die Erwählungs- und Prädestinationslehre zu werfen. Welche Auswirkung hat unser Verständnis von Erwählung und Gericht auf das ganzheitliche Missionsverständnis?

Gottes Wahl

In der Bibel ist immer wieder davon die Rede, dass Gott einzelne Menschen oder auch ganze Nationen für einen bestimmten Auftrag wählt und beruft. Dieser Gedanke der Erwählung taucht auch im Zusammenhang mit dem ewigen Heil auf.

Henry C. Thiessen definiert *Erwählung* folgendermaßen: „Erwählung verstehen wir als den souveränen Gnadenakt Gottes, wobei er in Jesus Christus all jene zum Heil erwählte, von denen er im Voraus wusste, sie würden ihn annehmen."[109]

Es ist anzunehmen, dass die überwiegende Mehrzahl der Evangelikalen bewusst oder unbewusst diese Erwählungstheorie vertritt. Gott blickte in die Zukunft und sah im Voraus, wer Christus annehmen würde. Sie erwählte er dann zum Heil. Das wäre Vorauswissen ohne vorzeitliches Erlösungshandeln Gottes.

Eine andere Variante im evangelikalen Bereich ist die individuelle, vorzeitliche Erwählung. Nach dieser Ansicht ist Erwählung „der ewige Akt Gottes, wobei er nach seinem souveränen Wohlgefallen und aus keiner Voraussicht eines Verdienstes eine bestimmte Anzahl von Menschen erwählt hat, seine besondere Gnade und das ewige Heil zu erlangen."[110]

Hier wird noch mehr das Motiv der Bedingungslosigkeit deutlich, d. h., nichts am erwählten Geschöpf hat Gottes Verhalten bedingt. Ferner treten Elemente des Unverdienten und des Vorzeitlichen (vor Grundlegung der Welt) hervor. Der Erwählte ist der unverdient Beschenkte.

Gleichzeitig ist der Erwählte aber auch festgelegt, vorherbestimmt, also *prädestiniert*. Das griechische Wort „*proorizo*" bedeutet „im Vorhinein kennzeichnen". Die Erwählten Gottes sind demnach schon vorher bestimmt zur Sohnschaft (Eph 1,5), zum Erbe (Eph 1,11) und zur Christusgleichheit (Röm 8,28-29).

In der Theologie versteht man darunter die Vorherbestimmung aller Dinge und macht Prädestination zum Synonym für den Plan Gottes mit der Welt. Von dieser theologischen Definition ist es nur ein kleiner Schritt zu manchen Formen des Calvinismus, der Prädestination auch auf die Zukunft der Nicht-Erwählten bezieht. Das ist die Lehre der doppelten Prädestination. Sie ist ein logischer Schluss, der sich in der Bibel allerdings nicht belegen lässt.

Alles Schicksal?

Welche Auswirkungen hat die Prädestinationslehre? Wie gehen wir mit der Erkenntnis um, dass wir vielleicht persönlich von Gott erwählt sind? Und andere nicht?

Bei aller systematisch-theologischen Berechtigung nährt die Prädestinationslehre letztlich ein Gedankengut der Absonderung von der Welt, was dazu führen kann, dass es sich für Christen nachweislich nicht lohnt, sich für die andere, die unerwählte Seite zu engagieren oder deren Lebensumstände zu verbessern. Hinsichtlich des Heils wäre das ja offensichtlich bedeutungslos.

Warum sollte sich ein Christ für die Umwelt, die Gesellschaft, die Politik, die Ordnungen der Welt einsetzen, wenn die Verdammnis sowohl der Menschen wie der Welt an sich schon beschlossene Sache ist?

Warum sollte sich ein Christ für die Umwelt,
die Gesellschaft, die Politik, die Ordnungen der Welt
einsetzen, wenn die Verdammnis sowohl der Menschen wie
der Welt an sich schon beschlossene Sache ist?

Diesen schon fatalistisch anmutenden Vorstellungen ist entgegenzuhalten, dass bezogen auf die Erwählung nicht der eine oder der andere Mensch, sondern der Glaube oder Nicht-Glaube die Trennlinie ist. Nicht der Mensch an sich ist erwählt oder verdammt, sondern Jesus in ihm ist erwählt und hat den Tod durchbrochen. Und das kann jeder Mensch erfahren und erleben.

Die Schuldfrage

Erwählt oder nicht? Das Ergebnis wird sichtbar werden beim „Jüngsten Gericht". Allerdings macht die Bibel auch deutlich, dass bei jenem Ereignis auch die Schuld und die Sünde des Menschen eine entscheidende Rolle spielen werden.

Ähnlich wie bei der Prädestinationslehre herrscht in großen Teilen der evangelikalen Theologie auch eine individualisierte Lehre von der Sünde (Hamartologie) vor. Danach wird jeder für das zur Verantwortung gezogen, was er getan oder gelassen hat.

Jedoch hängen sowohl individuelle als auch strukturelle Sünde eng zusammen; sie können nicht voneinander isoliert werden. Die persönliche Sünde eines Menschen wirkt sich in irgendeiner Weise immer auch auf die Gesellschaft aus, in der er lebt (vgl. Achan in Jos 7,1 und Adam in Röm 5,12). Umgekehrt beeinflusst gesellschaftlich-strukturell bedingte Sünde und deren Konsequenzen (wie z. B. die Sklaverei in Ägypten oder die babylonische Gefangenschaft) auch den Einzelnen.

Menschen sündigen und Menschen bilden sündige Strukturen. Das macht eine umfassende Veränderung (Transformation) sowohl der Menschen als auch der Strukturen nötig. Das ist die Herausforderung und gleichzeitig die Radikalität des Evangeliums Christi.

Wir sehen, dass eine individualistische, auf den einzelnen Menschen reduzierte Erwählungs- und Sündenlehre jegliches Engagement für den Nächsten und seine Lebensumstände bedeutungslos und damit überflüssig macht.

Der breite und der schmale Weg

Das Bild vom breiten und schmalen Weg ist ein klassischer Ausdruck evangelikaler Theologie und Prägung. Es findet seinen Widerhall in den Evangelisationsansprachen, der Zukunftserwartung vieler Gläubiger und der Absonderung von der „Welt".

Wenn nach den Ursachen apolitischer Haltung im evangelikalen Bereich gefragt wird, ist es hilfreich, dieses bekannte und oft verwandte Bild zu interpretieren.

Um 1860 hat die Stuttgarter Kaufmannsfrau Charlotte Reihlen ein Bild malen lassen: „Der breite und der schmale Weg". Das Gemälde hat vom schwäbischen Pietismus aus seinen Siegeszug in viele christliche Häuser angetreten.

Im Vordergrund ist eine Mauer zu sehen, mit einem weit geöffneten Tor links und dem Schild „Willkommen". Der breite Weg. Und dann gibt es ein kleines Türchen, links davon ein Prediger im Anzug, rechts davon das Schild „Reich Gottes".

Der Weg ins Reich Gottes ist gesäumt von einer Kirche, einer Sonntagsschule, einem Diakonissenhaus und einem wohltätigen Kinderheim. Er führt über enge Brücken, einige Szenen von Bedrohung sind zu sehen, die mit Gottvertrauen gemeistert werden. Und ein steiler Pfad führt hinauf auf einen Berggipfel, auf dem das Himmlische Jerusalem zu sehen ist.

Der andere Weg, der zur Verdammnis führt, lädt gleich am Tor zu einem Umtrunk ein. Dann folgen der Gasthof „Zum Weltsinn", der einen Maskenball veranstaltet, ein Spielcasino, ein Debattierklub, ein Pfandleihhaus und ein Theater. An einer Stelle steht noch einmal einer, der Menschen auffordert, auf den schmalen Pfad hinüberzuwechseln.

Aber wer weiter auf dem breiten Weg geht, kommt in eine gespenstische Szenerie: überall Soldaten und Gewehrfeuer, Geiselnahmen und Tote. Das Ende des Weges ist ein feuriges Inferno, eine dem Untergang geweihte Stadt. Über den Flammen im Rauch erkennt man kreisende schwarze Gestalten und eine hell leuchtende Waage als Zeichen des „Jüngsten Gerichts".

Die konsequente und nachvollziehbare Umsetzung liegt für den Gläubigen darin, auf dem „rechten" Weg zu bleiben und die Welt so weit wie möglich zu meiden. Der Gläubige hat keinerlei Aktionspotenzial auf der linken Seite. Er kümmert sich weder um die Eisenbahnstrecke, noch um den Betrieb des Gasthofs oder des Theaters und schon gar nicht um die militärischen Auseinandersetzungen. Selbst das große Willkommensschild am Eingang wird fast schon wie eine Falle wahrgenommen. Denn dann wäre er auf der „linken" Seite und somit auf dem falschen Weg. Und die Wegweiser unten im Bild machen das Ziel des Weges unmissverständlich deutlich.

Die Verinnerlichung dieses Bildes muss zwangsläufig dazu führen, sämtliche Elemente der linken Seite mit dem Stigma „weltlich" zu klassifizieren und es im besten Fall noch als „überflüssig", jedoch im häufigeren Fall als „schädlich" zu bewerten.

Mit der dahinterstehenden Ideologie ist die Grundlage für eine christliche Parallelkultur gelegt, die ein Engagement in Politik, Wirtschaft, Medien und Gesellschaft schlichtweg unmöglich macht. Diese Absonderungslehre hat sowohl ihren exegetischen Hintergrund als auch ihre philosophisch-theologischen Wurzeln in der Geschichte, die im Folgenden erörtert werden soll.

Das Verständnis von der „Welt"

In der Bergpredigt spricht Jesus davon, dass seine Jünger den Willen Gottes tun sollen. In diesem Zusammenhang führt er die sogenannte „Goldene Regel" (Mt 7,12) an: „Alles nun, was ihr wollt, dass euch die Leute tun sollen, das tut ihnen auch! Das ist das Gesetz und die Propheten." Direkt im Anschluss werden dann die beiden entscheidenden Verse angefügt, die als theologischer Hintergrund dem Bild des „breiten und schmalen Weges" zugrunde liegen: „Geht hinein durch die enge Pforte. Denn die Pforte ist weit und der Weg ist breit, der zur Verdammnis führt, und viele sind's, die auf ihm hineingehen. Wie eng ist die Pforte und wie schmal der Weg, der zum Leben führt, und wenige sind's, die ihn finden."

Auf dem Weg

Mit dem „Weg" wird an sehr vielen Stellen der Bibel das Verhalten, die Lebensführung und der Wandel des Menschen bezeichnet (Hes 23,31; Jak 1,8; 5.20). 2Mose 18,20 zeigt deutlich, wie Weg und Werke zusammengehören: Was jemand tut, bestimmt die Richtung, die sein Leben nimmt. In den Königebüchern finden wir immer wieder die Redewendung vom

Wandel „in dem Weg seines Vaters und in seiner Sünde" (1Kön 15,26.34; 22,43.53). Von dieser Bedeutung her hat Luther das hebräische *„däräk"*, das wörtlich „Weg" bedeutet, auch verschiedentlich mit „Tun" übersetzt (5Mose 32,4; 1Sam 18,14).

Das Bild vom Weg ist demnach nicht vom Ende her geprägt, das der Mensch erstrebt, sondern von der Voraussetzung, dass am Anfang Gottes Befehl steht, dem man gehorsam (Hiob 23,11) oder ungehorsam (Jes 56,11; Mal 2,9) werden kann. Damit ist über Wert oder Unwert des menschlichen Weges vor Gott entschieden (vgl. Ps 1,6). Von hier aus ist es ein kleiner Schritt zu dem Bild von den zwei Wegen, das im Alten Testament bereits anklingt (Ps 119,29f; Spr 4,18f), aber seine klare Entfaltung erst in Mt 7,13f findet.

Im Prinzip wird mit den Metaphern „Pforte" und „Weg" ein Doppelbild dargestellt. Es geht hier nicht um „lasterhaften" oder „tugendhaften" Wandel, sondern um Jesu Aufforderung zur Nachfolge. Und diese Nachfolge Jesu ist eine schwere Forderung und damit ein schmaler Weg.

Gut oder böse?

Mit Blick auf das Neue Testament wird deutlich, dass nach Joh 1,1-3 die Welt Gottes Schöpfung ist und Gott die Welt so geliebt hat, dass er ihr „seinen eingeborenen Sohn gab" (Joh 3,16). Aber die Welt bzw. ihre „Menschen liebten die Finsternis mehr als das Licht" (3,19), d. h., sie nahmen Jesus nicht auf. So wird sie zu „dieser Welt": der finsteren Welt, deren Herrscher der Satan ist (Joh 12,31) und die unter dem Gericht Gottes steht (Joh 3,19). Dass „diese Welt" von der Macht des Bösen beherrscht ist, kommt auch an anderen Stellen des Neuen Testaments zum Ausdruck (Gal 1,4; Eph 6,12). Wer durch Christus von seinen Sünden befreit und erneuert worden ist, ist schon jetzt der Macht des Bösen entrissen und zählt nicht mehr zu „dieser Welt", auch wenn er noch in ihr lebt. Er zeigt das durch ein verändertes Verhalten (Röm 12,2; 1Kor 5,9-11), aber er wartet zugleich auf die neue Welt, in der das Gute die einzige Macht ist (2Petr 3,13).

Gelegentlich verbindet sich mit „dieser Welt" zunächst nur die Vorstellung von der Unvollkommenheit und Mangelhaftigkeit des irdischen

Lebensraumes (Joh 12,25; 1Kor 5,10). Doch der kann abfärben. Wo man sich zu sehr an die Welt angleicht, sich ihren Einflüssen hingibt und ihr „Freund" wird, geht man folgerichtig auf Distanz zu Gott, wird sein „Feind" (Jak 4,4; 1Joh 2,15ff). Denn der von Gott abgefallene Mensch verwendet die Dinge in der Welt gegen die Ordnung Gottes. Es gilt deshalb, sich eine gesunde Distanz zu den gottlosen Prinzipien dieser Welt zu erhalten (Jak 1,27).

Ein neues, gottgefälliges Leben in und mit der Welt ist seit Jesu Tod und Auferstehung möglich, denn Gott hat auf diese Weise „die Welt mit sich versöhnt" (2Kor 5,19). Durch die Verbindung zu Jesus findet der Mensch wieder Zugang zu Gott. Aus dieser erneuerten Beziehung zum Schöpfer heraus ist nun eine neue, veränderte Beziehung zur Schöpfung möglich. Weil die Welt nicht mehr vermeintlicher Glücks- und Heilsbringer sein muss, kann der Gläubige im Vertrauen auf Christus die Dinge dieser Welt dankbar gebrauchen, ohne sie zu missbrauchen (1Kor 7,31). Derart befreit werden Gotteskinder zu Lichtern in der Welt (Mt 5,14ff; Phil 2,15).

Christen sind nicht beauftragt,
Parallelwelten zu schaffen.

Christen sind demzufolge nicht beauftragt, Parallelwelten zu schaffen, sondern die Welt durch das Kreuz Christi zu sehen. Denn die gerichtsreife Welt ist Gegenstand der Liebe Gottes. Gott gibt sich selbst in seinem Sohn (Joh 3,16), der bezeugt, im Namen des Vaters zu kommen, und zwar nicht, um zu richten, sondern um zu retten: „Wer an ihn glaubt, wird nicht gerichtet" (V. 18). Er begibt sich als Retter in die von den Menschen verkehrte Ordnung der Welt, um ihnen Licht zu sein für den Weg zurück zu Gott (Joh 1,9.10; 8,12). Der Sohn Gottes ist seiner Herkunft nach nicht aus dieser Welt, darum konnte er allein das Sündopfer für die Sünden der Menschen in der Welt bringen (1Joh 2,2).

Wir sehen: Die von Gott getrennte Schöpfung, die „böse Welt", ist als Machtbereich Satans eine widergöttliche Bastion, aber noch nicht von Gott aufgegeben. Gott kam in Christus in die Welt, um die Menschen aus der Gefangenschaft der Welt zu retten, ohne sie aus dem Lebensraum „Welt" zu entfernen (Joh 17).

Deshalb gibt es Hoffnung für die Welt. Das wird allerdings nur dort sicht- und hörbar, wo sich die Christen nicht ängstlich und verunsichert in Parallelwelten zurückziehen.

Auswirkungen gnostischer Theologie

Das Bild vom „breiten und schmalen Weg" zeichnet ein bestimmtes, negatives Bild von der „Welt". Angesichts dieses Befundes stellt sich die Frage, ob diese Welt und die Gesellschaft überhaupt verändert werden können oder sollten. Was steckt an „guter" und veränderungsfähiger Substanz im Menschen?

Diese Fragen führen zurück zu den philosophischen Wurzeln des Christentums. Griechische Philosophen wie der Neuplatoniker Plotinus haben zu ihrer Zeit die Vorstellungen über Gott und die Welt geprägt. So erhielt unter anderem die geschöpfliche Welt einen negativen Beigeschmack und der Geist wurde höher geschätzt als die Materie. Es ging um die Erlösung von einer schlechten Welt.

Das Christentum siegte zwar gegenüber den philosophischen Ansätzen, übernahm aber unbewusst bestimmte Elemente aus der griechischen Philosophie. Daraus entwickelte sich eine Theologie, die mit gnostischen Ansätzen vermischt ist. In der Gnosis ist das Ziel die Rückführung des Geistes zu Gott, denn die Geistigkeit ist das eigentliche Leben. Das zieht eine strenge Leibfeindlichkeit nach sich, der Weg der Befreiung ist demnach Askese und Ethik und/oder Mystik. In allem wird die Gnosis bestimmt vom Dualismus zwischen Gott und Teufel, der sich in sämtlichen Lebensbereichen wiederfindet.

Die christliche Gnosis sieht Christus als ihren Erlöser, der vom Himmel kam – er besaß jedoch keinen wirklichen leidensfähigen Leib, sondern einen geistlichen Leib. Statt einer leiblichen Auferstehung wird in der christlichen Gnosis nur eine geistliche erwartet. Überhaupt ist sie im Kern schöpfungs- und leibfeindlich. Bekehrung bedeutet demnach, dass ein „Stoffmensch" (Hyliker) durch ein geistliches Erlebnis (Ruf) zum Geistmensch (Pneumatiker) wird. Dieser ist dann geistlich erwacht, lebt asketisch und strebt nach der Loslösung von der stofflichen Welt.

Die Folgen dieses theologischen Ansatzes waren Werkgerechtigkeit und Leibfeindlichkeit. Augustin (354–430 n. Chr.) teilte die Welt in *civitas Dei* (Gottesstaat) und *civitas diaboli* (Weltstaat) auf. Christen sind Fremde im Weltstaat und beide Staaten liegen miteinander im Kampf.

Wir sehen: Genährt von gnostischem Gedankengut hat sich in manchen Teilen der Christenheit eine Skepsis oder sogar eine Feindlichkeit gegenüber allem Materiellen, Körperlichen, Irdischen festgesetzt. Es herrscht die Überzeugung, dass man selbst bei größter Kraftanstrengung keine wirkliche Besserung der Umstände erreichen kann. Das disqualifiziert jegliches gesellschaftspolitische Handeln.

Dem gegenüber ist zu beachten, dass für Leibfeindlichkeit und Weltflucht in der Bibel und im jüdischen Denken überhaupt kein Platz ist. Hier sind Lebensbejahung und Lebensfreude zu Hause. Deshalb lohnt sich der Einsatz für die leibliche Dimension der Schöpfung.

Die Wahrheitsfrage

Die Verbindung des Christentums mit der griechischen Philosophie und Kultur wirft noch eine weitere Frage im Zusammenhang mit dem Bild vom breiten und schmalen Weg auf. Wer sagt denn, welcher Weg nun wirklich zum Ziel führt? Welcher Wegweiser sagt die Wahrheit? Muss nicht der Mensch selbst erkennen (dürfen), was für ihn persönlich richtig und wahr ist?

Solche Überlegungen begegnen uns besonders in den letzten Jahrzehnten im politischen Liberalismus, der von seinen Grundsätzen her nicht einer christlichen Weltordnung entspricht.

Der Liberalismus setzt den Verzicht auf eine öffentlich anerkannte Wahrheit voraus. Das ist die innerste geschichtliche Ermöglichung des Liberalismus. Vor dem Beginn der Moderne hat es das nicht gegeben. Die konfessionellen Streitigkeiten und Kriege im 16. und 17. Jahrhundert führten dazu, dass die Frage nach der Wahrheit immer mehr an Bedeutung für die Organisation der politischen, ökonomischen und in letzter Konsequenz kulturellen Öffentlichkeit verlor. Insbesondere seit dem 20. Jh. gab es keine allgemeinverbindlich interpretierbare Wahrheit mehr und damit auch keine Wahrheit, der gegenüber das Gemeinwesen verpflichtet wäre.

Da ist es verständlich, wenn evangelikale Christen als Verfechter der Wahrheit keinen Zugang zu politischen Angelegenheiten finden können. Komfortabler ist es allemal, sich in die apolitische Nische zurückzuziehen. Ob allerdings diese Ruhe nicht nur eine „Ruhe vor dem Sturm" ist, dem allein eine eindeutige, wahrhaftige Position standhalten kann, wird die Geschichte zeigen. Aber es ist anzunehmen, dass wir uns weniger denn je ein unpolitisches Verhalten und Denken leisten können.

Wir sehen: Die Freigabe des Wahrheitsbegriffes scheint den Menschen einen großen gestalterischen Spielraum zu geben, sie hat aber Christen, die am Wahrheitsanspruch der Bibel festhalten, zu Außenseitern gemacht. Doch Rückzug und Absonderung können nicht die angemessene Antwort der Christen sein. Wer sagt denn, dass die Aussage, es gäbe keine letzte Wahrheit, letztlich wahr ist? Im Meer der Möglichkeiten kann ein klares, wahrhaftiges gesellschaftspolitisches Engagement einen notwendigen Halt bieten.

Lesetipps zur Vertiefung

- Bruce Milne: *Das Ende der Welt. Eine biblische Orientierung*. Marburg: Francke, 1981.
- Charles C. Ryrie: *Die Bibel verstehen*. Dillenburg: Christliche Verlagsgesellschaft, 1996.

5. Gesellschaftspolitisches Engagement neu entdeckt – die Gegenbewegung bei den Evangelikalen

Aufgrund der zunehmenden liberalen und ökumenischen Entwicklung der evangelischen Kirche formierte sich besonders in der zweiten Hälfte des 20. Jahrhunderts die evangelikale Bewegung in Deutschland, was auch durch amerikanischen Einfluss noch verstärkt wurde.

> Die Evangelikalen wurden in ihrer Ethik
> zunehmend individualistisch.

Jedoch schienen die Evangelikalen parallel zum Engagement für das Heil der Menschen ihre sozialpolitische Leidenschaft verloren zu haben, denn sie wurden in ihrer Ethik zunehmend individualistisch. Gegenüber dem Social Gospel legten sie allen Nachdruck auf die Notwendigkeit geistlicher Erneuerung als unbedingte Voraussetzung für eine Veränderung der Gesellschaft. Diese Haltung begründete man damit, dass die Schwierigkeiten einer Gesellschaft nicht auf Dauer gelöst werden könnten ohne eine Veränderung ihrer Glieder.[111]

Der Einwand der Evangelikalen gegenüber dem Social Gospel war durchaus berechtigt. Allerdings blieb ein alternativer, ebenso kraftvoller Angriff auf die sozialen Übel aus. Sie nahmen die Gesellschaft, wie sie war, und konzentrierten all ihre Bemühungen auf die Bekehrung des Einzelnen. Inzwischen gibt es allerdings auch innerhalb der evangelikalen Bewegung eine deutliche Gegenbewegung.

Lausanne und der Anstoß

Wir müssen Gottes Sorge um Gerechtigkeit und Versöhnung
in der ganzen menschlichen Gesellschaft teilen.

Zu einem größeren Durchbruch in dieser Frage kam es beim *Lausanner
Kongress für Weltevangelisation* 1974, wie es in der Lausanner Verpflichtung
in Artikel 5 über die „soziale Verantwortung der Christen" zum Ausdruck
kommt. Dort heißt es:

*„Wir bekräftigen, dass Gott zugleich Schöpfer und Richter aller Menschen ist.
Wir müssen deshalb seine Sorge um Gerechtigkeit und Versöhnung in der gan-
zen menschlichen Gesellschaft teilen. Sie zielt auf die Befreiung der Men-
schen von jeder Art von Unterdrückung. Da die Menschen nach dem Ebenbild
Gottes geschaffen sind, besitzt jedermann, ungeachtet seiner Rasse, Religion,
Farbe, Kultur, Klasse, seines Geschlechts oder Alters, eine angeborene Würde.
Darum soll er nicht ausgebeutet, sondern anerkannt und gefördert werden.
Wir tun Buße für dieses unser Versäumnis und dafür, dass wir manchmal
Evangelisation und soziale Verantwortung als sich gegenseitig ausschließend
angesehen haben. Versöhnung zwischen Menschen ist nicht gleichzeitig Versöhnung mit Gott, soziale Aktion ist nicht Evangelisation, politische Befreiung ist nicht Heil. Dennoch bekräftigen wir, dass Evangelisation und soziale wie politische Betätigung gleichermaßen zu unserer Pflicht als Christen
gehören. Denn beide sind notwendige Ausdrucksformen unserer Lehre von
Gott und dem Menschen, unserer Liebe zum Nächsten und unserem Gehorsam gegenüber Jesus Christus. Die Botschaft des Heils schließt eine Botschaft
des Gerichts über jede Form der Entfremdung, Unterdrückung und Diskri-
minierung ein. Wir sollen uns nicht scheuen, Bosheit und Unrecht anzuprangern, wo immer sie existieren. Wenn Menschen Christus annehmen, kommen
sie durch Wiedergeburt in sein Reich. Sie müssen versuchen, seine Gerechtigkeit nicht nur darzustellen, sondern sie inmitten einer ungerechten Welt auch
auszubreiten. Das Heil, das wir für uns beanspruchen, soll uns in unserer*

gesamten persönlichen und sozialen Verantwortung verändern. Glaube ohne Werke ist tot."[112]

Mit der Lausanner Verpflichtung (LV) wird in einem ersten Schritt die soziale Verantwortung wiederentdeckt, aber es werden noch keine hinreichenden theologischen Begründungen für eine evangelikale Sozialethik, geschweige denn einer politischen Grundlegung, entwickelt.

Allerdings prägte Harold Ockenga den Begriff „The New Evangelicalism". Damit wollte er diejenige evangelikale Bewegung bezeichnen, die keine negativen Assoziationen und Charakteristika der fundamentalistischen Bewegung übernahm.[113] Dass mit dieser Begriffsänderung die eigentliche Frage nicht beantwortet ist, wird bei John Stott offensichtlich:

„Evangelikale Christen haben sich kaum für gesellschaftliche und soziale Fragen interessiert. Sie vertreten eine sehr pessimistische Ansicht über die Sündhaftigkeit der menschlichen Natur und können ihr daher überhaupt kein Vertrauen entgegenbringen – zumindest solange ein Mensch nicht wiedergeboren ist. Daher halten sie soziales Engagement für Zeitverschwendung und Gesellschaftsveränderung für nahezu unmöglich."[114]

So waren die Auseinandersetzungen hauptsächlich geprägt von der Frage: Was darf ich als Christ? Vor diesem Hintergrund beteiligte man sich an vielen gesellschaftlichen, kulturellen und politischen Veranstaltungen nicht.

Die abgrenzende und distanzierte Haltung blieb nicht unwidersprochen. *Carl F. Henry* wurde hier zum eigentlichen Pionier für ein neues Nachdenken über die soziale und politische Verantwortung in der evangelikalen Theologie. Henrys Kernthese wurde zum Anstoß für das evangelikale soziale Denken: „Die sozialen Konsequenzen des Evangeliums gehören unerlässlich zur Erfüllung des evangelistischen Auftrags, das soziale Anliegen ist unentbehrlicher Bestandteil der evangelistischen Botschaft."[115] Henry ruft in seinem Buch „The Uneasy Conscience of Modern Fundamentalism" zu einer neuen Reformation auf, die die sozialen Implikati-

101

onen der persönlichen Erneuerung sichtbar werden lässt. Er betont, dass die Evangelikalen zwei Wahrheiten neu entdecken müssten: „… , dass das Christentum gegen jedes Übel steht, sowohl das individuelle als auch das soziale, und dass es Erlösung und Erneuerung anbiete als die einzige Lösung der Weltprobleme."[116]

Er argumentiert, dass Evangelisation die notwendige und erste Aufgabe der Kirche sei, aber dass die Verbesserung der Gesellschaft nicht nur im sozialen, sondern auch im politischen Bereich folgen sollte.

Als Träger des sozialen Engagements sieht Henry zuallererst den einzelnen Christen oder eine Gruppe von Christen. Die Kirche als solche solle dagegen in ihrem sozialen und politischen Engagement Zurückhaltung üben. Es dürfe auch bei Wahrnehmung der sozialen Verantwortung niemals der Eindruck erweckt werden, als sei das Christentum in erster Hinsicht eine ethische Lehre, mit der politische und soziale Ungerechtigkeit anzuprangern sind. Das erste Ziel der Kirche müsse nach Henry weiter im Erreichen einzelner Menschen mit dem Evangelium liegen. Wenn die Kirche sich für die Vertiefung biblischer Grundwerte bei dem einzelnen Gläubigen einsetze, werde das indirekt die stärksten Auswirkungen auf das politische und soziale Leben haben.

Daran knüpft der Missionswissenschaftler und Theologe Hans Kasdorf an, wenn er schreibt:

> *„Daher sollten wir nicht von Priorität, sondern von Zentralität des Evangeliums sprechen. Ganz gleich, ob wir Kranke heilen oder Evangelium predigen, Hungrige speisen oder Gefangene lösen, Entwicklungshilfe leisten oder schulisch tätig sind; die gute Nachricht, dass Gott die gefallenen Menschen dieser Welt liebt und ihnen durch den Glauben an den gekreuzigten und auferstandenen Herrn Jesus Christus ihre Sünden vergibt, muss Zentralanliegen in jedem Bereich des missionarischen Handelns sein."*[117]

Ebenfalls mit Blick auf die evangelikale Entwicklung stellt Helmuth Egelkraut selbstkritisch fest: „Lausanne hat keineswegs alle Spannungen und

Fragen zur biblischen Theologie und Praxis der Mission gelöst. Dies wird besonders an der Spannung zwischen Evangelisation und sozialpolitischem Handeln deutlich.“[118]

Mission ist Evangelisation plus soziale Verantwortung.

Seit Lausanne 1974 gilt für die Hauptströmung der evangelikalen Missionsbewegung die Definition „Mission ist Evangelisation plus soziale Verantwortung“, wobei die herkömmliche Differenzierung insofern aufgenommen bleibt, als dass der Evangelisation ein Vorrang eingeräumt wird.

Wie tief die Spannungen innerhalb der evangelikalen Bewegung aber wirklich waren, wurde erst anlässlich des Weltevangelisationskongresses der Lausanner Bewegung in Pattaya 1980 offenkundig. Die Erklärung begrüßt und bekräftigt zunächst den Impuls zur Wahrnehmung der sozialen Verpflichtung, der von Lausanne 1974 ausgegangen war. Danach geht die Erklärung aber hart mit dem Lausanner Komitee ins Gericht:

„Es ist jedoch eine Tatsache, dass, abgesehen von einigen wenigen edlen und lobenswerten Bemühungen, das Lausanner Komitee für Weltevangelisation sich nicht ernsthaft mit den sozialen, politischen und wirtschaftlichen Fragestellungen in vielen Teilen der Welt ... beschäftigt hat.“[119]

Es bedurfte eines besonderen Kongresses, der *Consultation on the Relationship of Evangelism and Social Responsibility* (CRESR) 1982 in Grand Rapids, um diesen Konflikt wenigstens vorübergehend durch einen Kompromiss zu überbrücken. Der Schlussbericht ist eine Zusammenfassung der erreichten Übereinstimmung, ohne dass die innere Beziehung von Verkündigung und sozialer Verantwortung auf eine allgemein akzeptable Form hätte gebracht werden können.

Valdir R. Steurnagel schreibt dazu: „Die Lausanner Bewegung hat sich konstant geweigert, die Folgen dessen ernst zu nehmen, was die Lausanner Verpflichtung „sozial-politische Involvierung" nennt."[120]

Somit waren 1982 die evangelikalen Ansätze zur Begründung des sozialen Engagements nicht wirklich konsensfähig. Schon bei der Entstehung der Lausanner Bewegung hatte sich eine vornehmlich von Theologen aus der Dritten Welt getragene Gruppe zu Wort gemeldet, die nach einem integralen, ganzheitlichen Missionsbegriff suchte.

1983 ließ erstmals eine internationale evangelikale Konferenz in Wheaton, Illinois, unter dem Titel *The Church in Response to Human Need* die traditionelle Unterscheidung in zwei Mandate zurück und sprach von der gleichwertigen Verpflichtung zu Evangelisation, zu Nothilfe und zu sozialpolitischem Engagement.

Die sogenannte Wheaton-Erklärung analysierte schon wesentlich früher zu den Grundfragen der Mission selbstkritisch die historische Entwicklung in der evangelikalen Missionstheorie:

> „Während die Evangelikalen des 18. und 19. Jahrhunderts in der Verfolgung sozialer Fragen an der Spitze standen, verloren im 20. Jahrhundert viele die biblische Perspektive aus den Augen und beschränkten sich darauf, nur ein Evangelium des individuellen Heils zu verkünden, ohne ausreichende Übernahme sozialer Verantwortung."[121]

Wheaton 1983 steht als vorläufiger Höhepunkt eines mindestens fünfjährigen Prozesses. An dessen Anfang stand ein Treffen sozial engagierter Evangelikaler im September 1978 mit der Absicht, an einem ganzheitlichen Missionsverständnis zu arbeiten. Aus diesem Impuls ist unter anderem das *Statement of Concerns* von Pattaya 1980 entstanden. Ebenso gehört die Konferenz von Hoddesdon 1980 in diesen Diskussionsprozess innerhalb der evangelikalen Bewegung. Wheaton 1983 wird zwar nicht als Abschluss dieser Überlegungen, aber als vorläufiger Höhepunkt betrachtet.[122]

Unter dem Motto *The Whole Gospel* hat *Lausanne II* 1989 in Manila versucht, nach Lausanne I 1974 nun in einem zweiten Schritt endgültig das

Image des selbstversunkenen, teilnahmslosen, vergeistigenden und individualistischen Evangelikalismus zu überwinden. Die evangelikale Bewegung fand damit von einer zeitweisen Entgeschichtlichung und Privatisierung des Glaubens zurück zu einem umfassenderen Heilsverständnis.[123]

Nach Lausanne II blieb festzustellen, dass sich die evangelikale Weltevangelisationsbewegung der sozialethischen Herausforderung geöffnet hatte und dass dieser Prozess kaum mehr umkehrbar erschien.

Der evangelikalen Bewegung kann mittlerweile kein geschichtsloses, privatisiertes Heilsverständnis mehr vorgeworfen werden, denn sie ist nicht mehr ausschließlich geprägt vom Protest gegen die soziale Dimension des Evangeliums, wie er für die evangelikale Bewegung nach der Auseinandersetzung mit der liberalen Social-Gospel-Theologie typisch war. Man knüpft nun positiv an die Verbindung von evangelistischem und sozial-diakonischem Anliegen in den Erweckungsbewegungen des 19. Jahrhunderts an.

Die Bewegung *AD 2000*, die vor einigen Jahren unter Evangelikalen diskutiert wurde, scheint hingegen weniger an theologischen, aber auch weniger an sozialen Fragen interessiert als „Lausanne". Im Vordergrund stehen Strategien, Charismata, Gebet, Kampf mit Geistesmächten und Mission unter den Unerreichten. Um diese baldmöglichst zu erreichen, stellt man alles andere, womit man sich in Lausanne beschäftigte, zurück.

Kapstadt und die Gegenwart

Lausanne III, der dritte Kongress für Weltevangelisation, fand 2010 unter dem Thema „Gott war in Christus und versöhnte die Welt mit ihm selber" aus 2Kor 5,19 statt. Über 4.000 Delegierte aus 198 Ländern trafen sich dazu im südafrikanischen Kapstadt.

Auch in Südafrika wurde ein wegweisendes Dokument verabschiedet: die *Kapstadt-Verpflichtung* mit dem Titel „Eine Erklärung des Glaubens und ein Aufruf zum Handeln". In der Präambel kommentiert die Lausanner

Bewegung, die Kapstadt-Verpflichtung sei ein Versuch zu erkennen, „wie wir die ewige Wahrheit des Evangeliums in einer sich ständig verändernden Welt für unsere eigene Generation ausdrücken und leben müssen". Die Verpflichtung soll demnach dazu anleiten, das Evangelium unter den Lebensbedingungen der Gegenwart praktisch anzuwenden.

Die Kapstadt-Verpflichtung, insbesondere ihr zweiter Teil, ist ein Aufruf zum Handeln. Dieser Aufruf ist die logische Konsequenz der im ersten Teil konstatierten theologischen Grundlagen: „Unser Bund mit Gott verbindet Liebe mit Gehorsam."

Die Kapstadt-Verpflichtung betont die Bedeutung des Zeugnisses in Wort und Tat: „Wir müssen die Wahrheit leben." Das wird Menschen am meisten überzeugen, gleichwohl muss die Wahrheit aber auch verkündigt werden: „Die gesprochene Verkündigung der Wahrheit des Evangeliums ist in unserem Auftrag von höchster Wichtigkeit und kann nicht vom Leben der Wahrheit getrennt werden. Werke und Worte müssen eins sein."

Christen sollen insbesondere ihren Arbeitsplatz
als Ort der Mission entdecken.

Christen sollen insbesondere ihren Arbeitsplatz als Ort der Mission entdecken. „Wir haben es verpasst, die Arbeit selbst als biblisch wichtig zu betrachten, indem es uns nicht gelungen ist, das gesamte Leben unter die Herrschaft Jesu Christi zu stellen." Besondere Aufmerksamkeit bei der Verkündigung des Evangeliums kommt den Medien, der Kunst und der Technologie zu.

Deutlich wird auf die Komplizenschaft von Christen in einigen der destruktivsten Kontexte ethnischer Gewalt und Unterdrückung hingewiesen. Auch das Schweigen großer Teile der Gemeinde zu solchen Konflikten wird kritisiert. Zu diesen Kontexten gehören die Geschichte und das Vermächtnis des Rassismus und der Sklaverei, der Holocaust gegen die Juden sowie das Leiden der Palästinenser, die Apartheid, „ethnische Säuberungen" usw. Darum müssen Christen Buße tun, wenn sie sich an solchen Machenschaften mitschuldig gemacht haben, indem sie schwiegen, apathisch waren, als neutral galten oder indem sie falsche theologische Rechtfertigungen dafür beibrachten. Es ist und bleibt so: Jesus hat nicht nur unsere Sünde ans Kreuz getragen, um uns mit Gott zu versöhnen, sondern hat auch unsere Feindseligkeiten vernichtet, um uns miteinander zu versöhnen.

Was das gelebte Zeugnis betrifft, sollten Christen sich einen Lebensstil aneignen, der auf jene Konsumgewohnheiten verzichtet, die zerstörerisch oder umweltverschmutzend sind, und auch öffentlich für entsprechende politische Entscheidungen eintreten.

In gleicher Weise sollten Christen auch auf die Tatsache reagieren, dass Menschen wie nie zuvor in Bewegung sind. Migration ist eine der großen Realitäten unserer Zeit. Die Kapstadt-Erklärung formuliert dazu:

„Wir ermutigen Christen in Gastländern, in denen Einwanderer anderer religiöser Hintergründe leben, gegenkulturelle Zeugnisse in Wort und Tat von der Liebe Christi zu geben, indem sie den weitreichenden biblischen Geboten folgen, wie: Liebe den Fremden, verteidige das Recht des Fremden, besuche die Gefangenen, übe Gastfreundschaft aus; baue Freundschaften auf; lade Fremde in dein Zuhause ein, biete Hilfe an und diene. … Lasst uns, in Unterordnung zu Christus, jeden Argwohn, jede Konkurrenz und jeden Stolz beiseitelegen und willig sein, von denen zu lernen, die Gott gebraucht, selbst wenn sie nicht aus unserem Kontinent stammen, kein Teil unserer spezifischen Theologie sind und nicht unserer Organisation oder unserem Freundeskreis angehören. Lasst uns endlich beweisen, dass die Gemeinde nicht nach dem Grundsatz arbeitet: Wer das meiste Geld hat, trifft die Entscheidung. Lasst uns stattdessen auf echte Gemeinsamkeit bauen, vom Norden zum Süden, vom Osten zum Westen, auf gegenseitige Abhängigkeit im Geben und Empfangen und auf Respekt und Würde, die wahre Freunde und echte Partner in der Mission auszeichnen."[124]

Diese Verpflichtung erfasst die wesentlichen Herausforderungen, mit denen sich die Kirche heute konfrontiert sieht. In ihren Antworten ist sie eine mutige und sehr konkrete Erklärung. Sie identifiziert sechs Hauptprobleme:

- in einer pluralistischen, globalisierten Welt Zeugnis über die Wahrheit Christi abzulegen,
- den Frieden Christi in einer zerteilten und zerbrochenen Welt aufzurichten,
- die Liebe Christi unter Menschen anderen Glaubens zu leben,
- den Willen Christi für die Weltevangelisation zu erkennen,
- die Kirche wieder zu Demut, Integrität und Einfachheit aufzurufen,
- im Leib Christi für die Einheit in der Mission zusammenzuarbeiten.

Es ist insgesamt zu früh, um einschätzen zu können, ob die Kapstadt-Verpflichtung eine ähnliche Tragweite haben wird wie die Lausanner Verpflichtung von 1974. Aber ich glaube, dass eine nachhaltige Wirkung möglich ist, weil einige Probleme unserer globalisierten Welt wünschenswert deutlich angesprochen wurden. Es lohnt sich meines Erachtens, diese „Zeitansage" der Kapstadt-Verpflichtung in den evangelikalen Kreisen vertieft zu diskutieren.

Missional – nur ein neues Trendwort?

Eine parallel laufende Entwicklung, die mit der Lausanner Bewegung nur bedingt zu tun hat, ist der vermehrt auftretende Begriff „missional". Mit dem missionalen Ansatz ist kein neuer Anstrich, keine neue Methode und kein neues Modell von Glaube oder Gemeinde gemeint. Es geht vielmehr um ein Paradigma. Ein Paradigma, welches das (Glaubens- und Gemeinde-)Leben von Jesus her definiert und an der Mission Gottes ausrichtet. So wie Jesus sich in diese Welt inkarnierte – er wurde einer von uns, ein Mensch, er lebte mitten unter uns Menschen –, so geht es beim

Missionalen ebenfalls darum, den Glauben und Gemeinde mitten in dieser Welt zu leben. Es gilt, die Fixierung auf heilige Räume (Kirchengebäude), bestimmte Zeiten (sonntags), ausgebildete Professionelle (Pastoren, Priester, etc.) oder bestimmte Veranstaltungen (Gottesdienste etc.) zu überwinden. Eine Unterteilung in „heilig" und „profan/säkular" macht dann keinen Sinn mehr. Stattdessen geschieht Gemeinde mitten in der Welt, in der Nachbarschaft, am Arbeitsplatz, im Café, im Stadtteil, etc.

Dieses missional-inkarnatorische Paradigma kann sich in unterschiedlichsten Formen ausdrücken. Anstelle nur einer Missions- und Evangelisationsform sind der Kreativität keine Grenzen gesetzt.

Die Gläubigen *gehen* also nicht zur Kirche oder Evangelisationsveranstaltung, sondern sie *sind* Kirche und fortwährende Evangelisation, unterwegs in einer gemeinsamen Mission.

Dieses Anliegen trägt auch die neue, aus England kommende Bewegung „Fresh Expressions of Church" bzw. „Fresh X" mit der Vision einer „Kirche in doppelter Gestalt". Die neuen Ausdrucksformen von Gemeinde machen den christlichen Glauben relevant für den Alltag von Menschen, die bisher der Kirche eher kritisch gegenüberstanden. Oft beginnen sie damit, dass eine kleine Gruppe von Christen sich in ihrem Lebenskontext gemeinsam mit anderen sozial engagiert. Damit ergänzen „Fresh X" die bestehenden Ortsgemeinden, können und wollen sie aber nicht ersetzen.

Dieses Miteinander von traditionellen und alternativen Gemeindeformen wird in England als „Mixed Economy" bezeichnet. Am besten kann man diesen Ausdruck mit dem Bild einer Seen-Fluss-Landschaft beschreiben: Ortsgemeinden gleichen Seen. Sie sind tief, beständig, in sich ruhend, mit vielen Ressourcen (auch unter der Oberfläche). Sie „bewässern" alles, was geografisch nahe ist, und um diese Seen herum grünt es.

Entfernt man sich jedoch weiter von den Seen, so fehlt das „Wasser des Lebens", man begibt sich in dürre Gebiete. Damit diese geistlich ausgetrockneten Gebiete aber blühen können, muss auch hier neu das „Wasser des Lebens" fließen. Bäche und kleine Flüsse (Fresh X) können es dorthin tragen, indem sie sich ihren Weg durch das Gelände suchen. Fresh X „grünen" entlang von Beziehungsnetzwerken, docken an Alltags- und Freizeitorten an. Um nachhaltig bestehen zu können, brauchen diese kleinen Flüsse das große Reservoir der Seen. Die Seen wiederum brauchen Abflüsse und Zuflüsse, sonst versumpfen und verlanden sie. Ortsgemeinden und Fresh X sind zwar sehr verschieden (wie z. B. Bodensee und Rhein), gehören aber trotzdem zum gleichen „Ökosystem" und helfen einander in ihren je spezifischen Aufgaben und Herausforderungen.

Die Vision einer Kirche in doppelter Gestalt macht deutlich: Ortsgemeinden und Fresh X sind keine Konkurrenten, sondern verschiedene Ausdrucksformen, durch die das eine Reich Gottes im heutigen Leben Gestalt gewinnen will.[125]

Ähnlich ausgerichtet auf Ergänzung der kirchlich-gemeindlichen Strukturen ist auch die in 2012 ins Leben gerufene Initiative „Glaube am Montag", die das nicht-gemeindliche Engagement von Christen in den Fokus rückte und aufgezeigt hat, wie Christsein bei der Feuerwehr, im Elternbeirat, in der Politik oder im Sportverein gelebt werden kann.

An verschiedenen Stellen begannen einzelne evangelikale Christen, sich nicht mit einer Welt-Enthaltung zufriedenzugeben, sondern sich bewusst in Politik, Wirtschaft und Gesellschaft zu engagieren und auch das als einen Auftrag Gottes zu sehen.

Doch warum ist dieses Engagement immer noch umkämpft und bedarf besonderer Initiativen oder gar Rechtfertigungen? Im folgenden Kapitel wird diese Frage zusammenfassend beantwortet.

Lesetipps zur Vertiefung

- *Lausanne-Dokumente. Alle Welt soll sein Wort hören.* 2 Bände. Neuhausen-Stuttgart: Hänssler, 1974.
- Birgit Winterhoff, Michael Herbst, Ulf Harder (Hg.) *Von Lausanne nach Kapstadt. Der dritte Kongress für Weltevangelisation.* Neukirchen-Vluyn: Neukirchener Verlagsgesellschaft, 2012.

6. Den Auftrag wahrnehmen

Lernen aus der Geschichte

Seit Gott die Welt geschaffen hat, betreibt er „Politik". Er mischt sich in Konflikte ein (2Mose 17,16; 2Chr 20,15 ff.), setzt Könige ein, denen er die Verantwortung über ein Volk anvertraut (1Sam 9,15ff), beauftragt fremde Herrscher, Israel zu strafen, wenn es sich zu weit von seinen Geboten entfernt (Jes 42,24 f.). Er lässt Weltreiche mächtig werden oder untergehen (Dan 2,21) und bestraft stolze Handelsstädte (Jes 23). Die unterdrückten Juden befreit er aus ägyptischer Sklaverei (2Mose 5 f.), das Kommen seines Sohnes bereitet er durch die politische Konstellation der *Pax Romana* (Römischer Friede; dazu hervorragende Verkehrsverbindungen, einheitliche Sprache und Recht) vor und den frühen Christen schickt er Konstantin den Großen, der die Verfolgung beendet. Gott greift ein, weil ihn das Ergehen der Menschen interessiert.

Von Gott lernen

Die Christen des ersten Jahrhunderts hatten kaum eine Möglichkeit zu politischem, gesellschaftsveränderndem Handeln, denn sie lebten als winzige, unbedeutende Minderheit unter der totalitären Herrschaft Roms. Die römischen Legionen waren überall und hatten strikten Befehl, politisch Andersdenkende zu unterdrücken, Opposition zu vereiteln und den Status quo aufrechtzuerhalten. Die Apostel haben die Abschaffung der Sklaverei nicht gefordert. Aber in der historischen Entwicklung ist zu sehen, dass es letztlich Christen gelungen ist, genau diese Forderung durchzusetzen. Sie kämpften darum, weil sie aus der Bibel um Würde und Wert des Menschen wussten. Ihre Überzeugung war eine legitime Weiterführung der biblischen Gedanken.

Die Apostel bauten auch keine Krankenhäuser oder setzten sich für deren Bereitstellung ein, und dennoch stellen die heutigen christlichen Hospitäler eine konsequente Weiterführung der fürsorglichen Haltung Jesu gegenüber Kranken dar.

Politisches Handeln ist aktiver Liebesdienst.

Genauso ist politisches Handeln als ein aktiver Liebesdienst, der den Unterdrückten Gerechtigkeit verschaffen soll, eine konsequente und legitime Weiterführung von Lehre und Leben Jesu.

Philipp Jacob Spener, der „Vater des Pietismus", stand sowohl in Frankfurt wie in Berlin Pate bei der Einführung einer neuen, wirksamen kommunalen Armenordnung und entwickelte den ersten Plan einer staatlichen Sozialversicherung, einer Lebenssicherung aller auf gesetzlicher Grundlage.

Im 19. Jahrhundert, als der biblische Glaube noch die Norm und die allgemeine Glaubensauffassung widerspiegelte, war politisch-soziales Engagement ein Wesenszug des frommen Zeugnisses. Damit sollte die christliche Gesellschaft gefördert und aufrechterhalten werden. Der christlichen Philanthropie, Arbeit unter Kranken, Prävention von Verbrechen und Begleitung Straffälliger, dem Kampf gegen den Alkoholmissbrauch, den Arbeiterschulen und dem Arbeiterproblem insgesamt nahmen sich die Christen an. Ihrer Überzeugung entsprechend musste sich der persönliche Glaube und die Umkehr des Herzens in solchen Taten als echt erweisen.

Schwindender Eifer

An dieser Grundausrichtung konnte auch der erstarkende Einfluss des Prämillennialismus und des Dispensationalismus anfangs nichts ändern. Ein deutliches Abstumpfen des Engagements brachte erst die Auseinandersetzung mit der liberalen Theologie und der „Social-Gospel"-Bewegung. War der Liberalismus bis dahin nur bekannt gewesen als eine bürgerliche Theologie für die Mittelklasse, so ließ ihr plötzliches Engagement die Evangelikalen aufhorchen.

> Die Evangelikalen zogen sich aus ihrem
> traditionellen Sozialengagement zurück
> und überließen das Feld den Liberalen.

Mit der Zeit bildete sich eine neue Grundanschauung der Evangelikalen heraus: Es ist nicht mehr geboten, sich für die Erhaltung der Welt einzusetzen, denn wesentlich wichtiger ist es, von dem „sinkenden Wrack" der zum Untergang verurteilten Welt möglichst viele Menschen zu retten.

Johannes Hartlapp merkt an, dass Freikirchen oftmals nur noch den schuldigen Gehorsam leisten (d. h. wählen gehen und Pflichtdienst leisten) und es gerade im politischen Bereich an weiterem Engagement missen lassen. Zudem macht er eine ambivalente politische Ethik aus, die sich darin zeigt, dass von der Politik als „schmutzigem Geschäft" oft Abstand genommen wird, während zugleich begeistert von erfolgreichen Bibelschmuggel-Aktionen berichtet wird, bei denen definitiv geltendes Recht gebrochen wird.[126]

Hartlapp fragt, ob es sein kann, dass Christen freikirchlich-evangelikaler Prägung ihre Welt nicht wirklich ernst nehmen. Gefördert werde dieses Denken durch die strikte Trennung vom Staat als unpersönlicher Größe, wodurch bewusst eine Distanz aufgebaut werde. So sei zu beobachten, dass nicht von namentlichen Politikern gesprochen werde, sondern mit Blick auf Röm 13 lediglich von „der Obrigkeit". Ferner falle auf, dass in der Historie die politische Situation von evangelikaler Seite grundsätzlich zu wenig reflektiert werde. Welche Konsequenzen, Vor- und Nachteile oder langfristigen Auswirkungen die jeweilige Staatsform und Gesinnung hat und wie sie demzufolge zu bewerten sei, spiele nur eine sekundäre Rolle, denn die Ethik werde nur individuell, nicht aber politisch gesehen.

Gerade im 20. Jahrhundert waren die bibeltreuen Christen wenig an sozialer Veränderung und sozialer Aktion interessiert. Ihr Schwerpunkt lag mehr auf der individuellen Bekehrung und auf individuellem Engagement und Zeugnis im alltäglichen Leben. Verschiedene Faktoren begünstigten diese Haltung: die Betonung des persönlichen Glaubens, die prämillennialistische Eschatologie, die Beschäftigung mit der jenseitigen Welt und die Ansicht, dass die Bekehrung zu Christus die zentrale Entscheidung im Leben eines Menschen sei. Die Folge war zwangsläufig eine eher distanzierte Haltung zu gesellschaftlichen Herausforderungen.

Neue Leidenschaft

Es gibt aber auch andere Entwicklungen zu beobachten. In den 1960er-Jahren knüpften vereinzelt Christen an die Anfänge der Erweckungsbewegungen an. Damals gehörte für die engagierten Christen oft noch ganz natürlich die soziale Tat zur Mission. Bekannt aus jenen Tagen sind der Kampf gegen die Sklaverei, das Ringen um eine bessere Versorgung der Menschen in Hunger, Krankheit und Armut, eine Reform des Gefängniswesens, die Bemühungen um die Abschaffung der Kinderarbeit oder die Organisation von Schul- und Volksbildung. In all diesen Bereichen setzten sich vorrangig Christen ein.

Lausanne 1974 hat in der evangelikalen Bewegung versucht, nach einer langen Zeit der Passivität die ethischen und sozialethischen Aufgabenstellungen in die Bemühungen um Evangelisation mit einzubeziehen. Damit ging die Zeit, in der man in der evangelikalen Bewegung die sozialen Aufgaben am Rande liegen lassen konnte, zu Ende.

In einem Interview mit der Zeitschrift „Psychologie heute" sagte Robert Bellah:

„Einer winzigen Minderheit protestantischer Christen ist es in Japan gelungen, ethische Maßstäbe in die Politik hineinzutragen und damit eine Wirkung zu erzielen, die in keinem Verhältnis zu ihrer prozentualen Größe steht. Diese Gruppe spielte eine zentrale Rolle bei der Gründung der Frauenbewegung, der Gewerkschaften, neuer Parteien und nahezu jeder anderen Reformbewegung. Die qualitative Beschaffenheit einer Kultur kann verändert werden, wenn auch nur zwei Prozent ihrer Bevölkerung neue Ziele verfolgen."[127]

> Die qualitative Beschaffenheit einer Kultur
> kann verändert werden, wenn auch nur zwei Prozent
> ihrer Bevölkerung neue Ziele verfolgen.

Daraus kann auch für Deutschland perspektivisch abgeleitet werden, dass die Evangelikalen den seit 1974 aufgenommenen Faden ihrer sozial- und gesellschaftspolitischen Verantwortung zu einem Veränderungspotenzial werden lassen können, wie es in der Geschichte von Christen schon mehrfach entwickelt und in Form von politischer Einflussnahme umgesetzt wurde.

Verkündigung und politische Veränderung

Auf dem Lausanner Kongress 1974 forderte René Padilla ein umfassendes Verständnis sowohl des Begriffes als auch der Aufgabe der Evangelisation. Seine Losung lautete: „das ganze Evangelium für den ganzen Menschen und für die ganze Welt"[128].

Es dürfe keine Antithese geben zwischen Gottesliebe und Nächstenliebe, Glaube und Werk, Eschatologie und Ethik, Evangelisation und Diakonie, Bekehrung und sozialer Erneuerung, denn Jesus habe sowohl das Reich Gottes verkündigt als auch sich selbst mit den Unterdrückten identifiziert.

Für Samuel Escobar spielt in dieser Schau der ethischen und sozialethischen Bezüge der Evangelisation die Gemeinde eine wichtige Rolle. Sie ist für ihn das Modell und damit das Vorbild einer neuen Gesellschaft. In Südamerika habe die Gemeinde durch bestimmte Unternehmungen Beispielhaftes für die Landreform geleistet. In dem Zusammenhang macht Escobar darauf aufmerksam, dass von diesen sozialethischen Experimenten sogar eine Wirkung auf die Evangelisation im engeren Sinne ausgegangen sei, denn wo die Landreform durchgeführt wurde, wuchs auch die Kirche.

Gottes Liebe muss in der Welt durch die Kirche sichtbar werden. Der Beweis des ewigen Lebens erschöpft sich nicht im einfachen Bekenntnis von Jesus Christus als Heiland, sondern „im Glauben, der durch die Liebe tätig ist" (Gal 5,6).

Christ zu werden ist demnach nicht eine religiöse Verwandlung, durch die man Anhänger eines Kultes wird, sondern eine Neuorientierung des gesamten Menschen in Bezug auf Gott, die Menschen und die Schöpfung. Es ist nicht nur die bloße Addition neuer Verhaltensmuster, die den alten aufgebunden werden – wie Kirchenbesuch, Bibel lesen und Gebet –, sondern die Neustrukturierung der gesamten Persönlichkeit und die Neuorientierung des gesamten Lebens in der Welt.

Obwohl der Christ letztlich ein „Bürger des Himmels" ist, erkennt Paulus auch die Wichtigkeit unserer Bürgerschaft hier auf der Erde an. In Phil 1,27 verwendet der Apostel das Wort *politeia*", wenn er unseren „würdigen Wandel" in der menschlichen Gesellschaft behandelt. Demnach wäre eine Übersetzungsmöglichkeit für Phil 1,27 auch: „Wandelt würdig als Bürger".

Colin Morris sagt: „Wenn die Kirche für die Ungerechtigkeiten um sie her blind bleibt, wird die Welt für alles andere, was die Kirche ihr sagen will, taub sein."[129]

> „Wenn die Kirche für die Ungerechtigkeiten um sie her
> blind bleibt, wird die Welt für alles andere,
> was die Kirche ihr sagen will, taub sein." (Colin Morris)

Diese Aussage spiegelt in treffender Weise wieder, wie Verkündigung und politische Konsequenz aufeinander wirken. Wenn Verkündigung nicht gehört wird, weil die Lebenssituation der zu erreichenden Menschen nicht gesehen wird, bleibt sie wirkungslos. Wenn aber in der Verkündigung die Lebenssituation des Einzelnen im Blick ist, wird nicht nur die Verkündigung beim Einzelnen wirksam, sondern darüber hinaus verändern sich die Umstände bis hin zu politischen Gegebenheiten.

Je höher wir den Wert des Menschen einschätzen und wertschätzen, desto stärker wächst in uns das Bedürfnis, ihm in allen Bereichen zu dienen (vgl. 1Mose 9,6b). W. A. Visser't Hooft hat gesagt:

> *„Ein Christentum, welches seine vertikale Dimension verloren hat, hat sein Salz verloren; es ist nicht nur seines Geschmacks verlustig gegangen; es ist für die Welt unnütz geworden. Doch ein Christentum, welches die vertikale Dimension als Flucht aus der Verantwortung für das Leben des Menschen auf dieser Erde wählt, leugnet die Menschwerdung Gottes, welche in Jesus Christus für die ganze Welt Wirklichkeit wurde."*[130]

Der lebendige Gott ist der Gott der Natur und genauso der Gott der Religion, also der „weltlichen" wie auch der „heiligen" Lebensbereiche (1Mose 1,31; 1Tim 4,4).

Gottes Herrschaft reicht weit über den religiösen Bereich unseres Lebens hinaus. Sie umfasst alle Lebensbereiche, den öffentlichen wie den privaten, den gemeindlichen wie auch den staatsbürgerlichen, die evangelistische wie auch die soziale Verantwortung.

Padilla merkt an: „Der Individualismus des ‚Kultur-Christentums' sieht den Herrn nur von einer Seite und betrachtet ihn darum als einen individualistischen Christus, der sich ausschließlich mit der Erlösung von Einzelpersonen befasst."[131]

Padilla hält daran fest, dass der Staat von Gott für die Gesellschaft angeordnet worden sei. Damit ist ein Zweifaches gesagt:

Erstens: Der Wert des Staates ist bejaht. Diese Bejahung des Staates richtet sich gegen eine falsch verstandene christliche Freiheit, die sich über den Staat erhebt.

Zweitens: Die politische Ordnung wird mit dem Willen Gottes verknüpft. Dadurch ist zugleich ein Kriterium gegeben, diese Ordnung zu bewerten. Ist Gott der letzte Ursprung aller Autorität, dann steht dem Staat kein absolutes Recht über die ihm Untergeordneten zu.

Politische Betätigung im allgemeinen Sinn von „zum Wohl der Polis" gehört demnach zum integralen Auftrag der Gemeinde. Neben traditioneller karitativer Arbeit gehört dazu entscheidend auch das Vermitteln von Grundsätzen des Reiches Gottes wie Gerechtigkeit und Frieden.

Das Evangelium handelt nicht von politischen Detailfragen, sondern es geht in der Verkündigung um das, worauf menschliche Pflichten und Rechte aufbauen und was jedes sozioökonomische und politische Programm durchdringen muss.

Die Bedeutung der politischen Dimension

Wieso handeln wir gesellschaftspolitisch? Weil ein Christ auch im politischen Raum den Herrschaftsanspruch Christi nicht verlässt, denn auch die Gesellschaft gehört mitsamt ihren Strukturen zum Bereich der von Christus unterworfenen Mächte. Evangelikale Sozialethik wird den grundsätzlichen Einspruch Karl Barths zu beachten haben, dass im Bereich der Welt, der Wirtschaft und Politik etc. prinzipiell keine anderen ethischen Maßstäbe gelten als im Bereich des Glaubens. Somit darf die Verkündigung des Evangeliums unter keinen Umständen losgelöst von ihrem sozialen Kontext geschehen.

Nach Samuel Escobar liegt die Krise der westlichen Mission darin begründet, dass sie das Evangelium zu einer rein geistlichen Angelegenheit gemacht hat. Das Wort aus Jes 61,1 („zu verkündigen den Gefangenen die Freiheit, den Gebundenen, dass sie frei und ledig sein sollen"), das Jesus in seiner Verkündigung in Nazareth wieder aufnimmt (Lk 4,18), dürfe nicht spiritualisiert werden. In dieser Welt muss das Evangelium durch die gehorsame Tat der Christen in der Gemeinde Gestalt gewinnen, sodass Christen einander unterstützen, „diese Welt ein bisschen weniger ungerecht und grausam zu machen als Beweis unserer Erwartung einer neuen Schöpfung.“[132]

Klaus Bockmühl erwähnt den berühmten Abschnitt in Mt 25,31-46 als Beispiel dafür, dass die Bibel konkrete Beispiele christlicher Fürsorge nennt. Dazu gehören Bereiche wie „Erhaltung der Natur, Schutz der Familie, Bekämpfung der Arbeitslosigkeit und ein Engagement für den Weltfrieden“[133].

Umfassende Mission

Dem Missionsbefehl entsprechend ist es der Auftrag der Kirche, den Völkern das Evangelium zu predigen, damit verlorene Menschen für die Ewigkeit gerettet werden. Gleichzeitig ist es aber Auftrag der Kirche, sich dem Nächsten, der in Not ist, in dienender Liebe zuzuwenden, um ihm zum Wohl zu verhelfen. Beide Segnungen der Kirche versteht John Stott als die Mission der Kirche. Nicht erst die Konsequenzen der Mission führen in die soziale Verantwortung, sondern schon die Mission selbst beinhaltet die soziale Aktion.[134]

> „Wie mich der Vater gesandt hat, so sende ich euch.“
> (Joh 20,21)

Die biblische Begründung für diesen Ansatz findet John Stott im Missionsbefehl des Johannesevangeliums: „Wie mich der Vater gesandt hat, so sende ich euch“ (Joh 20,21). Die Mission der Kirche muss sich am Vorbild der Sendung Jesu Christi orientieren. Selbstverständlich ist die Sendung Jesu einmalig in ihrer Art: Er kam, um zu retten und zu erlösen. Doch bieten daneben sein Wesen und vor allem sein Dienst den Nachfolgern ein eindrückliches Vorbild.

Stott kritisiert die „traditionelle Missionsauffassung“, die Mission ausschließlich als Evangelisation versteht. Zwar akzeptiert man dort diakonisches Engagement als Ausdruck der Nächstenliebe oder als Wegbereiter für die Evangelisation, aber es findet keine wirkliche Begegnung mit der Welt statt. Hier herrscht ein weltverneinender Pessimismus vor, der allein darauf hofft, dass es durch die Wiedergeburt einzelner Menschen zu einer Erneuerung der Gesellschaft kommt.

Doch soziale Aktion und Evangelisation sind gleich bedeutsame, aber unterschiedliche Aspekte der einen Mission der Kirche. In der Gemeinschaft der Christen sind Verkündigung und Dienst unlösbar miteinander verbunden. Wenn die eine Dimension aufgegeben wird, geht auch die andere verloren.[135]

Für David Bosch stellt Evangelisation das Zentrum der Mission dar. Sie verkündigt den Menschen, die noch nicht glauben, die Erlösung durch Christus, bietet Sündenvergebung an, ruft Menschen zur Umkehr und zum Glauben an Jesus Christus, lädt sie ein, Mitglied der Gemeinde Jesu zu werden und ein Leben in der Kraft des Heiligen Geistes zu führen.

Evangelisation ist mehr. Sie beschränkt sich keineswegs nur auf die Seelengewinnung.

Aber Evangelisation ist mehr. Sie beschränkt sich keineswegs nur auf die Seelengewinnung, sondern bezieht sich schon von Anfang an auf den ganzen Menschen in allen Lebensbereichen, zu denen auch die sozialen Faktoren gehören. Bosch erweitert den Evangelisationsbegriff durch den Begriff des Zeugnisses, das in Wort und Tat, Proklamation und Präsenz, Erklärung und Beispiel besteht. Zwar ist das verbale Zeugnis unerlässlich, um Rechenschaft von der christlichen Hoffnung zu geben, aber Evangelisation zielt auf die Inkarnation des Evangeliums mitten in der Welt. Evangelisation hat nicht die Absicht, Menschen aus der Welt in die Kirche zu rufen, sondern Christus in die Welt zu bringen.

Umfassendes Heil

Der Anspruch des Evangeliums auf den ganzen Menschen liegt in der anthropologischen Aussage begründet, dass der Mensch sowohl in seiner Individualität als auch in seinen sozialen Bezügen vom Evangelium erreicht wird. René Padilla bezeichnet Sünde darum als ein soziales, ja weltumspannendes Problem und absolut kein individuelles.[136]

Doch einer Strukturveränderung muss immer eine Änderung der Werte vorausgehen. Im Hinblick auf die prägenden Werte sieht Padilla keine wesentlichen Unterschiede zwischen materiell Armen und materiell Reichen. Beide bedürfen einer Umorientierung ihrer Werte zu Werten, die vom Reich Gottes bestimmt sind. Hier ist die christliche Gemeinde besonders gefordert. Als „Stadt auf dem Berg" (Mt 5,14) soll sie durch ihren gewaltfreien Umgang untereinander (vgl. 1Kor 6,1-8), aber auch durch den Umgang mit ihren Feinden „Licht und Salz" für die Welt sein (Mt 5,43-48; Röm 12,17-21), d. h., durch ihr Vorbild soll sie zu einer neuen Art des Umgangs miteinander einladen.

Eine ganzheitliche Betrachtungsweise muss und wird auch äußere Strukturen verändern, was jedoch im evangelikalen Kontext oftmals aufgrund befürchteter extremer Positionen distanziert behandelt wird. Auch wenn in den letzten drei Jahrzehnten eine grundsätzliche Offenheit gegenüber sozialem und ansatzweise auch politischem Engagement gezeigt wurde, so ist doch ein Großteil evangelikalen Denkens und Lebens geprägt von einer individuellen Theologie, die nicht selten eine apolitische Gesinnung impliziert.

Eine gesunde Distanz

Um das berechtigte Anliegen eines ganzheitlichen Missionsverständnisses nicht durch bestehende Ängste oder Vorurteile zu disqualifizieren oder durch extreme Positionen zu verzerren, ist es unerlässlich, einige Grenzlinien zu ziehen. Es gibt theologische Konzepte und Modelle, an denen evangelikale Theologie nicht partizipieren kann und wo das sozialpolitische Engagement über das biblische Maß hinaus eine überhöhte Bedeutung erlangt.

Befreiungstheologie und kontextuelle Hermeneutik

Evangelikale Theologie muss sich gegenüber einer *kontextuellen Hermeneutik* deutlich erklären und abgrenzen. Kontextuelle Hermeneutik interpretiert die biblischen Texte aus dem Lebensumfeld der Hörer anstatt aus dem Zusammenhang ihrer Entstehung.

Natürlich hat jede Generation einen besonderen, individuellen Zugang zu biblischen Texten gefunden, der ihrer persönlichen Lebenssituation entsprach. Der Christ in der Verfolgung liest die Johannesoffenbarung anders als der erfolgreiche Geschäftsmann in Europa. Entscheidend ist jedoch die Frage, welcher Kontext den Inhalt der christlichen Botschaft normiert. Muss der moderne Bibelleser sich die ursprüngliche Bedeutung der biblischen Texte erarbeiten, um sie dann auf seine Situation übertragen zu können, oder gilt es, mit dem gegenwärtigen Erleben die Begrifflichkeiten der Bibel zu füllen?

Abzulehnen ist, wenn im Rahmen der politischen Theologie Konzepte von Sünde und Heil vertreten werden, die die vertikale Dimension ganz und gar ausblenden. Heil ereignet sich dann in technischem Fortschritt der säkularisierten Welt oder in sozialen und politischen Befreiungsbewegungen. So konnte Richard Shaull bei der Genfer „Conference on Church and Society" (1966) Heil definieren als „Befreiung von neo-kolonialistischem und imperialistischem Kapitalismus"[137].

Abzulehnen ist, wenn man zwar eine umfassende Transformation anstrebt, dabei aber nicht mehr biblisch unterscheidet zwischen dem Werk Gottes und der menschlichen Verantwortlichkeit. So findet man bei manchen Befreiungstheologen, dass sie weniger daran arbeiten, dass Christus herrscht, sondern sich vorrangig darum bemühen, den Werten des Reiches Gottes schon jetzt Gültigkeit zu verschaffen. Da redet man von einer notwendigen Bekehrung, meint aber damit eine menschliche Bewusstseins- und Verhaltensänderung. Diese steht so sehr im Vordergrund, dass der biblische Ruf zum Glauben an Christus überflüssig wird, da man die Versöhnung der Welt als vollendet betrachtet.

Abzulehnen ist, wenn theologische Modelle ausschließlich an den lokalen Gegebenheiten interessiert sind und sich vorwiegend den Aufgaben Integration, Stabilität und Veränderung verschrieben haben. Solche Ansätze findet man besonders im Bereich der Befreiungstheologie, deren Modelle sich stärker mit Unterdrückung, sozialen Mängeln und der Notwendigkeit von Veränderungen beschäftigen. Sie entstehen verständlicherweise im Kontext gesellschaftlicher und politischer Missstände. Doch gerade die Tatsache, dass die Situation der Menschen in der Welt ein stärkeres Gewicht hat als die Offenbarung Gottes, macht sie für die evangelikale Theologie inakzeptabel.

Abzulehnen sind alle synkretistischen Ansätze, bei denen Glaube, Philosophien und menschliche Überlieferungen miteinander vermischt werden. Synkretismus beginnt dann, wenn die Bibel keine letztgültige Autorität mehr besitzt und man der historischen Tatsache der Offenbarung Gottes in der Geschichte, in seinem Wort und in seinem Sohn Jesus Christus keine Beachtung mehr schenkt. Dann wird Christsein zum unpersönlichen Ideal einer Philosophie. Das lässt sich am Beispiel von Mahatma Gandhi erkennen. Bei ihm wurde die biblische Aussage „God is truth" (Gott ist Wahrheit) zu „Truth is God" (Wahrheit ist Gott). Damit entstand ein gänzlich veränderter anthropologischer Ansatzpunkt.[138]

Sanktifizierung politischer Programme

Manche politischen Konzepte erweisen sich als hilfreicher für ein Leben in der Nachfolge Jesu als andere. Es gibt jedoch keine ideale Politik, und die Möglichkeiten jeglicher Politik sind begrenzt. Politik ist mächtig, aber nicht allmächtig.

Blickt man zurück auf die Inquisition in Europa und die Prohibition (Alkoholverbot) in Amerika, zeigen sich die Grenzen von „Zwangsbekehrungen". Die Inquisition war ein Versuch, Glauben durchzusetzen, während die Prohibition ein Versuch zur Durchsetzung eines bestimmten Verhaltens war. Beide erwiesen sich im Nachhinein als ineffektiv, denn man kann Menschen weder zu einem Glauben zwingen, den sie nicht annehmen wollen, noch zu einer Handlungsweise, die sie ablehnen. Nach John Stott ist es „ebenso unrealistisch, sich einzubilden, der politischen Landschaft könnten christliche Überzeugungen und Maßstäbe aufgezwungen werden".[139]

Deshalb müssen sich evangelikale Christen immer auch eine kritische Distanz zu politischen Programmen jeglicher Art erhalten. Nach Walter Künneth steht nicht das Bemühen um eine Strukturveränderung der Weltverhältnisse und ihrer politischen Grundordnungen zur Debatte, sondern das Wirksamwerden des Geistes Jesu in seiner Jüngerschaft. Die Bergpredigt Jesu wendet sich auch nicht an den Cäsar in Rom und seine Statthalter oder an die jüdische Obrigkeit, um irgendeine politische Kritik zu erteilen.[140]

Es darf also bei allem Hinweis auf politisches und gesellschaftliches Engagement nicht um eine Sanktifizierung und Vergeistlichung politischer Programme oder eine Sinnüberhöhung der menschlichen Aktion gehen. Denn damit würde man unweigerlich in die Nähe marxistischer und Gott-ersetzender Philosophien gelangen.

Die Abschaffung Gottes

Im Marxismus ist der mündige, unabhängige, vernünftige Mensch das Subjekt der Geschichte. Darüber hinaus gibt es weder Gott noch Geist, die die Geschicke des Menschen lenken könnten oder gegenüber denen der Mensch verantwortlich wäre. Diesen Menschen gilt es zu befreien – vor allem von den entmenschlichten ökonomischen Verhältnissen. Die Herrschenden der Vergangenheit, seien es nun politische oder religiöse Machthaber, haben das Volk unterdrückt. Von dieser Fessel gilt es sich auf revolutionäre Weise zu befreien, damit der Mensch Mensch sein kann. Zuweilen begreift man sich dabei sogar als Verfechter alter jüdischer Gerechtigkeitsideale und sieht das Proletariat in welthistorischer Mission, in einem Kampf, der der letzten Auseinandersetzung zwischen Christus und dem Antichrist nicht unähnlich ist.[141]

Bezeichnend ist, dass man im Marxismus und vielen vom Marxismus beeinflussten philosophischen Richtungen zwar Gott abschafft, sich aber dennoch gerne eines religiösen Vokabulars bedient. Ernst Bloch scheut sich nicht, im Anschluss an seine Entmythologisierung von einem zu errichtenden „Reich der Freiheit" zu sprechen, das befreit ist von allen entfremdenden gesellschaftlichen und naturhaften Zwängen.[142] Dieses Reich der Versöhnung müssen Mensch und Natur in eigener Anstrengung schaffen.

Evangelikale Theologie muss sich abgrenzen gegen jegliche Politik, die zwar religiöse Begriffe verwendet, ihren theologischen Gehalt aber verleugnet. Nicht das Vokabular entscheidet über die Qualität einer Politik, sondern die Ideen, die hinter den Begriffen stehen.

Gleichzeitig ist evangelikale Theologie aber auch gefordert, die eigenen Glaubensinhalte und das Glaubensvokabular nicht zu politisieren oder in politische Programme umzuformen. Die Botschaft der Bibel darf nicht dazu missbraucht werden, idealistische Vorstellungen von einer heilen Welt zu wecken.

Staat und Gemeinde Gottes bleiben bei aller übergreifenden Herrschaft Gottes zwei Bereiche, und die Maßstäbe des Reiches Gottes sind nicht unmittelbar in die Politik übertragbar.

Politische Theologie – ein herausfordernder Weg für Evangelikale

Das Verhältnis von – evangelikalen – Christen zu ihrem gesellschaftlichen Lebensumfeld war viel zu oft geprägt durch Heilsindividualismus, Abschottung und unfruchtbare Resignation gegenüber einer Welt, die – ohnehin – verloren geht. Politisches Engagement und der Einsatz für die gesellschaftlichen Rahmenbedingungen wurden kritisch beäugt oder waren überhaupt nicht im Blick.

Wie aber sollten Kirchen und Christen in weltloser Abseitigkeit existieren, wenn der Gott, dem sie folgen, diese Welt liebt und seine Kirche in die Welt sendet?

Veränderung ist möglich

Weder die Diffamierung der modernen Gesellschaft noch die unkritische Anpassung und positivistische Hinnahme des Gegebenen kommen hier für die christliche Sozialethik infrage. Der Entwurf eines evangelikalen Ansatzes politischer Theologie muss den Grad zwischen der Endlichkeit aller menschlichen Aktion und der Unendlichkeit göttlicher Prinzipien und der damit verbundenen Hoffnung auf Veränderung menschlicher Strukturen beschreiten.

Wesentlich für die Diskussion nach Wheaton 1983 ist die Einführung des ganzheitlichen Entwicklungskonzeptes unter dem Begriff „Transformation". W. Bragg definiert den Begriff folgendermaßen:

Das Konzept der Transformation zieht sich durch alle biblischen Berichte, von der alttestamentlichen Vorstellung von Shalom und Gottes Herrschaft in Israel bis zur neutestamentlichen Gemeinde und dem Königreich Gottes. Transformation ist Teil von Gottes ständigen Bemühungen in der Vergangenheit, die ganze Schöpfung zurückzubringen – zu sich und zu ihrer rechtmäßigen Bestimmung. Außerdem ist Transformation die Hilfe gegen persönliche und strukturelle Sünde. Sie reißt die Menschen nicht aus ihrer irdischen Umgebung, um eine außerirdische Frömmigkeit zu leben, sondern verändert vielmehr beides: die Lebensumstände und die Menschen.[143]

Biblisch begründet wird dieser umfassende Entwicklungsbegriff mit der Universalität des Heilswerkes Christi (Kol 1,20). So spiegelt das alttestamentliche Schalom-Konzept den göttlichen Willen zur ganzheitlichen Erneuerung der gefallenen Schöpfung wider. In der Kirche als gegenwärtiger Gemeinschaft des Gottesvolkes ist die umfassende Veränderung aller Verhältnisse schon jetzt Wirklichkeit der erwarteten neuen Welt.

Die Umwandlung der menschlichen Lebensbedingungen, der zwischenmenschlichen Beziehungen und ganzer Gesellschaftssysteme wird nicht nur von Gott allein erwartet, sondern sie ist zugleich Aufgabe des Menschen. Als charakteristische Merkmale, an denen sich auch alle anderen

Entwicklungstheorien messen lassen müssen, gelten u. a. die Bereitstellung des Lebensnotwendigen, Gerechtigkeit, Menschenwürde, Freiheit, Mitbestimmung, Partnerschaftlichkeit, kulturelle Sensibilität, ökologische Gesundheit, Hoffnung und geistliche Erneuerung.

Den Evangelikalen ist bei allen Veränderungskonzepten stets bewusst, dass der Mensch ohne die Bekehrung zu Jesus Christus durch die Sünde bestimmt wird und letztlich auf seine Eigeninteressen ausgerichtet bleibt. Eine echte geistliche Erneuerung wird somit zunächst beim einzelnen Menschen ansetzen und von da aus seine Umgebung und die gesamte Gesellschaft beeinflussen.

Besteht trotzdem Grund zur Hoffnung? Ja, denn der Mensch ist nach Gottes Bild erschaffen und trägt dieses immer noch in sich, sodass er nach wie vor über eine gewisse Vorstellung von einer gerechten und fürsorglichen Gesellschaft verfügt, die gottgefällig sein könnte. Insgesamt gesehen strebt die Menschheit eher nach Frieden, Gerechtigkeit, Harmonie und Ordnung als nach Krieg, Unterdrückung, Zwistigkeiten und Chaos.

Deswegen ist es auch möglich, die Gesellschaft im Rahmen politischen Engagements zu verändern. Politik beginnt immer mit der Überlegung, wie der Alltag der Menschen am Ort menschlicher und somit schöpfungsgemäßer gestaltet werden kann. Und das wird nur dort gelingen, wo die Hoffnung lebt.

Politik beginnt immer mit der Überlegung,
wie der Alltag der Menschen am Ort menschlicher
und somit schöpfungsgemäßer gestaltet werden kann.
Und das wird nur dort gelingen, wo die Hoffnung lebt.

Viele große Aufgaben

Der nüchterne Blick auf unsere Gesellschaft offenbart, dass wir vor großen Herausforderungen stehen. Schnelle Lösungen sind weder in Sicht noch zu erwarten. Dafür sind die Probleme zu komplex.

Der *Wandel* ist das einzig Beständige. Die – scheinbare – Eindeutigkeit der Moderne hat das Feld geräumt für die – verwirrende – Gleich-Gültigkeit der Postmoderne. Christliche Werte und Traditionen haben multikulturelle Konkurrenz bekommen, und der Islam in seinen vielfältigen Ausprägungen spielt nicht erst seit der Diskussion um Staatsverträge mit muslimischen Verbänden eine gewichtige Rolle. Die Bevölkerung altert, der demografische Wandel mit seinen Folgen für den Fachkräftemarkt und die Pflegekassen ist nicht mehr aufzuhalten. Die Bildungsideen aus Pisa und Bologna brachten neue Modelle und warfen neue Fragen auf. Die Energiekonzepte des letzten Jahrhunderts haben angesichts schwindender Vorkommen, steigenden Bedarfs und immer deutlicher werdender Risiken keine Zukunft. Politische und wirtschaftliche Systeme in Europa, Nordafrika und in vielen anderen Regionen der Welt erleben Revolutionen mit nicht immer absehbarem Ausgang. Der Klimawandel präsentiert sich mit heftigeren Unwettern und dramatischeren Dürreperioden. Wer wird sich diesen Herausforderungen und Fragen stellen und Orientierung geben?

Die *Nähe* ist gewachsen. Die Länder der Welt sind enger zusammengerückt, Menschen und Märkte sind vielfältig vernetzt. Dank immer besserer Kommunikationsmittel strömt die Welt nahezu pausenlos in unsere Wohnzimmer, aber auch in unsere Auffanglager. Fremdes Leid wird plötzlich vertraut, erweckt Mitleid. So kann in Katastrophenfällen die Weltgemeinschaft schnell und effektiv einer Dorfgemeinschaft zur Seite springen. Gleichzeitig werden lokale Krisen aber auch für die Global Player zum multiplen Heimspiel. Die Freiheit der großen weiten Welt hat gleichzeitig neue Abhängigkeiten geschaffen. Der Kampf um Wasser, Arbeit, Rohstoffe, Finanzen oder Märkte kann aus alten Freunden bedrohliche Feinde machen. Wer wird auf den eigenen Vorteil verzichten und für das Leben der anderen, für das Wohl der Welt die Stimme erheben?

Die *Ängste* markieren den Handlungsbedarf. In welchem Klima werden wir morgen leben? Und von welchem Geld? Welche Wertvorstellungen werden kommen, wenn die christlichen gehen? Wer wird für uns da sein, wenn wir alt werden – besonders dann, wenn Alter und Armut sich verbünden? Wird auf unseren Straßen und in den Familien die Gewalt regieren oder wird es gelingen, Unterschiede miteinander zu versöhnen? Wer wird den Menschen Mut und Hoffnung zum Leben geben?

Viele kleine Schritte

Fragen wir also nach den Möglichkeiten, die sich uns als Christen bieten, unsere Gesellschaft positiv mitzugestalten.

Grundsätzlich muss dabei klar sein, dass wir uns bewusst als Christen engagieren. Aufgrund unseres Glaubens wissen wir um das, was Gott will, was gut ist für Mensch und Natur, was Leben ermöglicht. Diese Erkenntnis muss immer und immer wieder bekannt gemacht werden. Wir wollen die Öffentlichkeit davon überzeugen, dass der Wille Gottes der angemessene und gültige Maßstab für alle menschlichen Entscheidungen ist.

> Aufgrund unseres Glaubens wissen wir um das,
> was Gott will, was gut ist für Mensch und Natur,
> was Leben ermöglicht.

Christen müssen sich bemühen, das Gewissen der Nation zu sein und gute Argumente dafür liefern, wieso Gottes Weisungen und Gebote zum Wohle des Einzelnen und der Gesellschaft beitragen. Wenn das Evangelium verkündigt wird, muss deutlich werden, dass es die zuverlässige, zutreffende und heilsame Wahrheit ist – eben gute Nachricht. Im gesellschaftlichen Zusammenhang müssen wir noch deutlicher machen, dass biblische Werte wie Aufrichtigkeit, Respekt vor dem Leben, Verantwortlichkeit und Selbstlosigkeit unerlässlich sind für jedes gesellschaftliche Miteinander.

Sich einbringen

Aktiver Einsatz für die Gesellschaft bedeutet nicht nur, die öffentliche Meinung für sich zu gewinnen, sondern auch, für eine Gesetzgebung zu sorgen, die das „öffentliche Leben gottgefälliger macht"[144].

Christen müssen sich aktiv
in die politische Arbeit einbringen.

Das bedeutet: Christen müssen sich aktiv in die politische Arbeit einbringen. Allerdings sind die Evangelikalen in der Regel wohl eher praktisch als theoretisch veranlagt und haben darum oftmals wenig Sinn für politische Veränderungsprozesse und inhaltliche Auseinandersetzungen, die eher mehr Zeit benötigen und selten schnelle Ergebnisse erbringen.

Zudem stellt sich die Frage, wie Werte in die Tagespolitik kommen sollen, wo doch die Wertneutralität das Markenzeichen der postmodernen Gesellschaft ist. Hier wird den Evangelikalen einiges abverlangt. Der Theologe Dietmar Lütz nennt sechs Merkmale, die von evangelikaler Seite aus gewährleistet sein müssen, um politisch Einfluss nehmen zu können:

• der Wille zu Einfluss und Veränderung,
• die Bereitschaft zu ethischem Kompromiss,
• die Freigebigkeit, „politische Personen" freizustellen,
• eine positive Weltsicht,
• den Willen zur Zusammenarbeit mit allen und Ja zum Pluralismus,
• das Erlernen des gewaltfreien Widerstandes.

Es lohnt sich, angesichts der hier genannten Stichpunkte zu überlegen, wie Politik ganz praktisch aussehen könnte. Wie kann der Glaube an den Gott der Bibel gesellschaftsrelevant ausgelebt werden? Dazu einige Impulse, die jeweils abschließend mit einer Praxisfrage aus dem Bereich der kommunalen Flüchtlingshilfe konkretisiert werden:

Wille

Der Schöpfungsauftrag beinhaltete die Weltgestaltung, nicht die Weltduldung. Christen stehen auf, packen an, stellen sich den Herausforderungen.

Das beginnt mit dem Hinsehen. Hinsehen ist ein Willensakt, besonders dann, wenn der Anblick bedrohlich und beängstigend ist. Christen sehen hin, nehmen wahr, hören, riechen und fühlen, wie das Leben wirklich ist. Sie sind informiert und lassen die Schieflage unserer Welt an sich heran. Sie gehen als Zuhörer in Gemeinderatssitzungen und bekommen mit, welche Fragen die Menschen im Ort beschäftigen. Sie hören dem Gewerkschafter zu und begreifen, welche Sorgen das Betriebsklima belasten. Sie verfolgen politische Debatten, um die aktuellen Herausforderungen und Streitpunkte kennenzulernen. Wer mit der Bibel im Blick die Schlagzeilen der Zeitung vor Gott bewegt, wird für das wirkliche Leben sensibilisiert, bekommt den Durchblick. Hinsehen ist christlich, denn so ist Gott. Gott sah die Not seines Volkes – und griff ein (2Mose 2,25). Jesus sah die Not der Menschen – und reagierte (Mt 9,36; Joh 5,6). Wir müssen sehen wollen und das Sehen lernen.

Praxisfrage: Wollen wir, dass sich in unserem Dorf/unserem Stadtteil Flüchtlinge willkommen fühlen? Wollen wir offen sein für die Begegnung mit Menschen aus anderen Kulturen?

Hinsehen ist christlich, denn so ist Gott.

Kompromisse

Das ganze Leben ist Zusammenspiel, Anpassung. Damit das Miteinander jedoch gelingt, erscheinen zwei Dinge unerlässlich: Überzeugung und Gnade.

Christen, die überzeugen wollen, brauchen eine Überzeugung. Sie müssen wissen, was sie für gut und richtig halten, und warum. Um eine feste Überzeugung zu gewinnen, muss man sich mit einem Thema beschäftigen. Man muss die Fakten kennenlernen, die Optionen und Grenzen. Derart vorbereitet lässt sich im Gespräch auch qualifiziert Position beziehen. Man weiß, woran man unbedingt festhalten muss – und wo man um der Menschen und der Sache willen auch Zugeständnisse machen kann.

An der Stelle kommt die Gnade ins Spiel. Wer Gnade am eigenen Leib erlebt hat, muss sich nicht an Maximalforderungen klammern in der Hoffnung, damit auf einen Schlag die ganze Welt retten zu können. Der Gnädige kann darauf warten, dass vielleicht erst der fünfte oder zehnte Schritt zu einer nachhaltigen Besserung führt, und deshalb die ersten Schritte mitgehen. Weil Jesus wusste, was er wollte und gleichzeitig Gnade kannte, konnte er mit „Sündern und Zöllnern" zusammensitzen (Lk 19,7; Joh 4,9). Mit Kompetenz und Großzügigkeit werden wir zu guten Lösungen beitragen.

Praxisfrage: Inwiefern sind wir bereit, uns auf die Kultur der Flüchtlinge einzulassen oder auch Kompromisse in der Zusammenarbeit mit säkularen Organisation (Sozialverbänden u.a.) einzugehen?

Zusammenarbeit

Politische Arbeit lebt von der Begegnung, dem Gespräch, dem gemeinsamen Ringen um eine gute Lösung. Dazu ist es nötig, dass man miteinander redet. Christen müssen sich auf den Dialog mit den Menschen einlassen. Sie müssen das Gespräch suchen mit den Menschen, auch den unbequemen, fremden, Andersdenkenden. Zum Dialog gehören (mindestens) zwei und ein Zweifaches: hören und reden. Mit unserem Wissen um

Gottes Wahrheit müssen wir lernen zu schweigen und zuzuhören. Nur wer richtig versteht, kann gut antworten. Wer hinhört, kann hinweisen.

Das kann dort gelingen, wo wir den anderen Menschen mit Wertschätzung begegnen, mit Respekt – und Liebe. Wir dürfen dem anderen die gute Absicht unterstellen. Hier liegt die große Stärke der christlichen Liebe: Sie liebt nicht nur das Liebenswerte, sondern behandelt jeden als liebenswert. Das verändert den – politischen – Ton.

Praxisfrage: Sind wir fähig, um der Flüchtlinge und Migranten willen mit politischen Parteien, anderen Kirchen, Islamverbänden oder der Moschee Hand in Hand zusammenzuarbeiten?

Widerstand

Wer einen begründeten Standpunkt hat, kann und muss auch lernen, Nein zu sagen. Christen müssen den Mund aufmachen, wo Unrecht geschieht, Menschenwürde mit Füßen getreten wird, Lebensgrundlagen zerstört werden oder Gott diffamiert wird. Nein sagen ist dabei nicht nur ein verbaler Akt. Es ist mehr als ein Leserbrief an die Zeitung, eine E-Mail an die Fernsehanstalt oder die lautstarke Beteiligung an einer Demonstration. Wir sagen Nein, indem wir einen Raum verlassen, den Kauf eines bestimmten Artikels verweigern, auf eine Gewinnmaximierung um jeden Preis verzichten oder mit bestimmten Geschäftspartnern eben keine Geschäfte machen.

Praxisfrage: Gehen wir auf Konfrontationskurs, um hilfsbedürftige Flüchtlinge zu schützen, auch wenn es für uns ungemütlich wird?

Einsatz

Gesellschaftspolitisches Engagement ist Arbeit. Es kostet Kraft und Zeit, aufzustehen, hinzugehen, zu begleiten. Wer sich als Christ mit den Bedürfnissen seiner Welt beschäftigt und um die liebevollen Angebote Gottes weiß, der findet schnell Möglichkeiten zum Engagement. Vielleicht ist es der Anruf im Büro des Landtagsabgeordneten, die Gründung einer Initiative oder die Teilnahme an einer Aktion. Da erschallt bei der Insolvenz des Großbetriebes nicht der Ruf nach der Politik, sondern die Frage: Was können wir jetzt tun, um die Not zu lindern? Da wird die Orientierungslosigkeit der Jugend nicht der Schule vorgeworfen, sondern Mann und Frau bringen sich ein in Elternarbeit, Kernzeitenbetreuung und Vereinsjugendarbeit. Soziale Missstände werden nicht betroffen hingenommen, sondern man bringt sich bei der örtlichen Tafel ein oder hilft ausländischen Mitbürgern, sich in der neuen Heimat zurechtzufinden und zu Hause zu fühlen.

Darüber hinaus gibt es viele – gerade ehrenamtliche – Aufgaben in den Dörfern und Städten, in denen sich Christen mit ihrem Sachverstand, ihrer Menschenkenntnis, ihren Kontakten und ihrer Selbstlosigkeit einbringen können. Sicher, nicht jeder Christ ist ein geborener Politiker, aber jeder Christ kann einen anderen Christen in der Politik unterstützen, indem er nachfragt, anregt oder betet. Es geht weniger um christliche Politik als um Christen, die sich politisch engagieren.

Es geht weniger um christliche Politik als um Christen, die sich politisch engagieren.

Praxisfrage: Engagieren wir uns nach Kräften in Sprachkursen, Flüchtlingscafés, Kleiderbörsen u. Ä. und stiften durch unseren Einsatz möglicherweise auch noch andere an?

Losgehen

Jeder dieser Punkte ist auf dem Hintergrund der Entwicklung des evangelikalen Selbstverständnisses verständlicherweise eine schwer zu überwindende Herausforderung. Es widerstrebt zunächst evangelikaler Überzeugung, derart positiv auf die Welt zuzugehen und mit ihr umzugehen. Sollte jedoch dieser Punkt überwunden sein, kann auch die evangelikale Bewegung zu einem wirksamen Zeugnis und zu wirksamen Veränderungen beitragen.

Ein Idealzustand ist angesichts des „Gefallenseins der Welt" vonseiten der Politik nicht zu erreichen. Doch gerade da ist eine „Ethik der Gnade" vonnöten, sodass jeder Beteiligte in dem Bewusstsein ans Werk geht, in einem sündigen System als sündiger Mensch noch das Bestmögliche und Gottgefälligste zu tun.

Im Wissen um diese Begrenztheit und Begrenzung bekannte Horst Waffenschmidt, langjähriger parlamentarischer Staatssekretär im Bundesinnenministerium, in seiner aktiven politischen Zeit: „Glaube, Gebet und die Gemeinschaft der Christen geben mir den Mut, politisch wichtige Aufgaben anzupacken, sie bewahren mich aber auch vor falschen Vollkommenheitsansprüchen und Absolutheitsvorstellungen und lassen mich erkennen, dass uns Menschen nicht verheißen wurde, das Reich Gottes auf Erden schaffen zu können."

Praxisfrage: Packen wir es an, die Situation der christlichen Flüchtlinge in muslimisch dominierten Flüchtlingsheimen irgendwie zu verbessern oder ist „jeder seines Glückes Schmied"?

Lesetipps zur Vertiefung

- David Bosch: *Mission im Wandel: Paradigmenwechsel in der Missionstheologie*. Gießen: Brunnen, 2012.
- Tobias Faix/Johannes Reimer/Volker Brecht (Hg.): *Die Welt verändern. Grundfragen einer Theologie der Transformation*. Marburg: Francke, 2009.

7. Aktuelle Herausforderungen aus christlicher Sicht – 4 Beispiele[1]

Schulden – Das biblische Jubeljahr und die Staatsschuldenkrise des 21. Jahrhunderts

von Jürgen Kaiser

Jürgen Kaiser ist Koordinator des bundesweiten Entschuldungsbündnisses erlassjahr.de.

Die Texte zum Jubeljahr und zum Sabbatjahr in 2Mose 25 bzw. 5Mose 15, auf die Jesus sich in seiner Antrittsrede in Nazareth (Lk 4) bezieht, haben eine erstaunliche Aktualität im Zusammenhang mit den Schuldenkrisen des Spätkapitalismus im 21. Jahrhundert. Beide Texte schränken das Recht von Gläubigern ein, ihre legitimen Ansprüche an ihre Schuldner in der Agrargesellschaft des frühen Israel einzutreiben.

Im Jahr 2017 nach Christus befinden wir uns am Ende einer langen Phase der Liberalisierung des Kapitalverkehrs. Die Freiheit, Profit zu suchen und der vorrangige Schutz von Gläubigerrechten waren leitende Prinzipien dieser Phase, deren Beginn mit den Regierungszeiten von Ronald Reagan in den USA und Margret Thatcher in Großbritannien verbunden wird. Das Versprechen dieses sogenannten neo-liberalen Modells, welches von den 80er-Jahren des letzten Jahrhunderts bis zum Ausbruch der Globalen Finanzkrise 2008 das Denken von Ökonomen und Entscheidungsträgern beherrscht hat, war ein breit angelegtes Wachstum der

---

[1] Die Ausführungen der folgenden Beiträge geben stets die Meinung der einzelnen Autoren wieder.

Volkswirtschaften und ein „Durchsickern" seiner Früchte bis zu den ärmsten Schichten der Gesellschaft. Im Blick auf beide Verheißungen kann dem neo-liberalen Modell ein gewisser Erfolg durchaus bescheinigt werden. Die gegenwärtige Krise hat allerdings auch schonungslos offengelegt, in welchem Ausmaß dieses Modell zur wirtschaftlichen und sozialen Polarisierung innerhalb einzelner Gesellschaften wie auch zwischen ihnen beigetragen hat.

Die Sabbatjahr- und Jubeljahr-Bestimmungen gehörten zu den wichtigsten Regeln, mit denen Gott die Beziehungen zwischen den Familien und den Stämmen innerhalb des Volkes Israel vor genau solchen Polarisierungsprozessen schützte. Die leitende Maxime dabei war, dass eine zwischenzeitliche Überschuldung sich nicht in eine dauerhafte Abhängigkeit des Schuldners von seinen Gläubigern verwandeln darf. Der ärmere Teil der israelitischen Gesellschaft würde zweifellos immer wieder mal auf das Ausleihen von Geld oder Material durch den reicheren Teil angewiesen sein. Die Armen sollten aber niemals dauerhaft von den Reichen abhängig werden. Dem dienten die Beschränkungen des mosaischen Gesetzes:

- Jeder siebte Tag war ein Sabbat. An diesem durfte weder gearbeitet werden, noch durften andere – seien es Sklaven oder nichtjüdische Ausländer – zur Arbeit gezwungen werden (2Mose 20,8-11).

- Jedes siebte Jahr war ein Sabbatjahr, in dem das Land zur Ruhe kommen und es weder Saat noch Ernte geben sollte. Schulden sollten gestrichen werden, und wer selbst durch Armut oder Überschuldung zum Sklaven geworden war, sollte freigelassen werden (5Mose 15,1-11 und 3Mose 25,1-7).

- Jedes siebte Sabbatjahr (genauer gesagt: jedes 7 x 7 + 1 = 50.) Jahr war ein Erlassjahr. Darin sollten nicht nur die Schulden gestrichen und die Sklaven freigelassen werden. Es sollte vielmehr alles verpfändete Land an seine ursprünglichen Besitzer zurückfallen, sodass die ursprüngliche, von Gott bei der Landnahme angeordnete Verteilung wiederhergestellt wurde. Das heißt: Etwa einmal pro Generation sollten Familien, die das Land ihrer Vorfahren verloren hatten, es zurückbekommen können. Dabei muss berücksichtigt werden, dass das Land damals das wichtigste Produktionsmittel in der Agrargesellschaft war – in seiner Bedeutung vergleichbar mit der des Finanzkapitals in unseren spätkapitalistischen Gesellschaften.

Sabbat- und Erlassjahr waren somit starke Umverteilungsmechanismen, welche eine dauerhafte Konzentration produktiven Kapitals in wenigen Händen und die daraus folgende wirtschaftliche Abhängigkeit eines großen Teils der Gesellschaft zu verhindern suchten.

Aber auch über die grundsätzliche Intention hinaus enthalten die Bestimmungen der beiden Gesetze Elemente, die im Blick auf den Umgang mit Schulden in unserer eigenen Gesellschaft von hoher Bedeutung sind:

• Die Durchsetzung der Umverteilung in einem festen Rhythmus machte sie grundsätzlich unabhängig von der politischen oder wirtschaftlichen Konjunktur. Entscheidend war nicht die Bereitschaft der Reichen und Herrschenden, Dinge zurückzugeben, oder aus mehr oder weniger ehrenwerten Motiven die Armen an ihrem Reichtum teilhaben zu lassen, sondern entscheidend war das Gesetz Jahwes als des letztlichen Eigentümers des Landes.

• Mit den genannten Bestimmungen erhielt das Überleben des Schuldners in Würde eine grundsätzliche Priorität vor den berechtigten[145] Ansprüchen der Gläubiger.

• Die Umverteilung des Landes und der Schuldenerlass waren nicht abhängig vom Wohlverhalten des Schuldners. Eine eventuelle Verschwendung der in Rede stehenden Ressourcen war kein Grund, den Einzelnen von der Umverteilung auszuschließen. Für den Schuldenerlass qualifizierte man sich als (israelitischer) Bürger und nicht als „homo oeconomicus".

Für uns heute zeigen diese dem Gottesvolk gegebenen Regeln einen Weg, wie Beziehungen zwischen Schuldnern und Gläubigern zivilisiert werden können. Dabei muss betont werden, dass beide Gesetze keinesfalls die

Vergabe oder Aufnahme von Krediten ausschlossen. Im Gegenteil: Die Reichen wurden aufgefordert, den bedürftigen Landsleuten, soweit sie es konnten, auch mit Krediten beizustehen. Das 3. Buch Mose enthält sogar genaue Bestimmungen, wie der Gläubiger für die Gewährung eines Kredits entlohnt wurde, wenn Land als Sicherheit genommen wurde und nur noch wenige Jahre bis zum Sabbatjahr ausstanden. Diese Regeln sind auch ganz und gar unabhängig von dem Aufruf an die Israeliten, die Armen durch Wohltätigkeit zu unterstützen (z. B. in Est 9,22).

Leider scheinen die Sabbat- und Erlassjahr-Regeln nur selten – wenn überhaupt – befolgt worden zu sein. Es gibt einige Hinweise auf tatsächliche Landbrachen, aber keine verlässlichen Quellen für die Umsetzung des Erlassjahrs.[146] Jeremia beklagt vielmehr (Jer 34,8-17), dass die Israeliten das Erlassjahr missachteten, und Jesaja klagte diejenigen an, die „Haus an Haus und Acker an Acker reihen" (Jes 5,8) – also Aufforderungen zur Rückgabe, sofern es welche gab, ignorierten. Im nachexilischen Israel interpretieren einige Autoren die Gefangenschaft als die nachgeholten Sabbatjahre, die das Volk entgegen dem Gesetz Gottes nicht gehalten hatte.

Auch in den jüdisch-christlich geprägten Kulturen des mittelalterlichen Europa sind die Prinzipien der Umverteilung nicht sonderlich beachtet worden. Im Gegenteil: Das römische Recht erlaubte die Eliminierung des säumigen Schuldners, und im mittelalterlichen Europa war die Beugehaft in Form des Schuldturms gang und gäbe. Beides – ganz abgesehen von allen menschenrechtlichen Erwägungen – keine besonders effizienten Maßnahmen, um von einem insolventen Schuldner einen Kredit zurückzuerhalten. Selbstredend waren solche Instrumente weit entfernt von der Absicht des mosaischen Gesetzes, eine dauerhafte Spaltung der Gesellschaft in reiche Gläubiger und arme Schuldner zu verhindern.

Aus Gründen der wirtschaftlichen Effizienz und der bürgerlichen Staatlichkeit mussten die in der frühen Neuzeit entstehenden bürgerlich-kapitalistischen Gesellschaften solche archaischen Formen der Schulden-(Nicht-)Eintreibung überwinden. Die modernen Insolvenzgesetze für Personen wie für Unternehmen, die sie dazu schufen, nehmen in erstaunlichem Maße Elemente der alttestamentlichen Erlassjahr-Gesetzgebung auf:

- Das Privatinsolvenzrecht begrenzt die Ansprüche des Gläubigers da, wo das Überleben des Schuldners in Würde gefährdet ist; ein Existenzminimum wird im Prinzip unabhängig von der Höhe der Gläubigeransprüche pfändungsfrei gestellt.
- Bei insolventen Unternehmen liegt die Priorität darauf, dass das weitere Funktionieren, sofern irgend sinnvoll, ermöglicht wird. Schuldenschnitte sind dafür ein gängiges und allseits akzeptiertes (wenn auch nicht beliebtes) Instrument.
- Schuldenerlass wird gewährt, wann immer er notwendig ist; so wird die „Einmal-pro-Generation"-Regel der israelitischen Agrargesellschaft in die Wirklichkeit einer dynamischen kapitalistischen Volkswirtschaft übersetzt.
- Insolvenz hat eine gesetzliche Grundlage. Weder die reichen Gläubiger noch Regierungen können die Anwendung von Insolvenzgesetzen durch eine unabhängige Justiz verhindern.

Die Anwendung dieser sehr alten Prinzipien seit den Zeiten der Französischen Revolution hat wesentlich zur Zivilisierung des Kapitalismus' beigetragen. Solche rechtsstaatlichen Verhältnisse können in ihrer Bedeutung für den sozialen Zusammenhalt der Gesellschaften kaum überschätzt werden.

Allerdings decken Insolvenzverfahren nicht alle Schuldner-Gläubiger-Beziehungen ab. Die gravierendsten Schuldner außerhalb rechtsstaatlicher Regeln und Verfahren sind sogenannte „Souveräne Schuldner", d. h. verschuldete Staaten. Die Verfahren, denen diese sich im Fall von Zahlungsunfähigkeit unterwerfen müssen, haben deutlich mehr Ähnlichkeit mit den genannten mittelalterlichen Praktiken der Schuldeneintreibung als mit Rechtsstaatlichkeit:

- Gläubiger behalten sich das Recht auf die Entscheidung über Gewährung oder Nicht-Gewährung von Schuldenerlass in Institutionen wie dem „Pariser Club" vor. Dort handelt es sich daher auch nicht um ein unparteiisches Verfahren. Schuldenerlasse im Pariser Club wurden z. B.

gewährt, wenn absolut nichts mehr zu holen war, oder wenn es sich bei dem Schuldner um einen wichtigen Verbündeten eines Klub-Mitglieds handelte. Ländern, auf die beides nicht zutraf, wurden Erlasse häufig verwehrt. In den 1980er-Jahren führte die Verzögerung eines eigentlich unvermeidbaren Schuldenerlasses zu einem „verlorenen Entwicklungsjahrzehnt" der ärmsten Länder.

- Von der Kanonenbootpolitik[147] des 19. Jahrhunderts bis zu den Strukturanpassungsprogrammen von IWF/Weltbank seit den 1980er-Jahren holen die Gläubiger aus den Schuldnern heraus, was irgendwie zu holen ist. Dabei sind die Konditionalitäten für Schuldenerlasse oder frisches Geld im Rahmen der Strukturanpassung häufig das effizientere Mittel gegenüber der nackten Gewalt. Menschenrechte spielen in keinem Fall eine Rolle.

- Die Gläubiger treffen ihre Entscheidungen auf der Grundlage von Analysen der Weltbank und des IWF – beides in der Regel selbst wichtige Gläubiger des Schuldnerlandes. Da ihre eigenen Rückzahlungen von ihren Analysen abhängen, unterliegen sie einem Interessenkonflikt, der sie in jedem rechtsstaatlichen Verfahren für eine Gutachterrolle disqualifizieren würde.

Solche Praktiken werden von den Gläubigern regelmäßig damit gerechtfertigt, dass es international – anders als im alten Israel oder einem modernen Staatswesen – keine Gerichtsbarkeit für Insolvenzfälle gibt. Es gibt allerdings seit vielen Jahren von prominenten Ökonomen und Juristen, von Internationalen Organisationen wie der UNO und Nichtregierungsorganisationen Vorschläge, wie nationale Insolvenzverfahren, zum Beispiel in Form von Schiedsverfahren auch auf überschuldete Staaten angewendet werden könnten.[148]

Mit dem Ziel, die Prinzipien des biblischen Erlassjahres – den Schutz vor dauerhafter Überschuldung und Abhängigkeit – in die Welt moderner Finanzbeziehungen zu übertragen, fordern Kirchen und Entschuldungsbewegungen eine grundlegende Reform des globalen Schuldenmanagements.[149] Die Schaffung eines fairen und transparenten Staateninsolvenzverfahrens ist die zentrale Forderung der globalen Erlassjahr-Bewegung geworden. Damit ergänzt sie die nach wie vor aktuelle Forderung nach der Streichung untragbarer und illegitimer Schulden durch einen praktischen Verfahrensweg, bei dem dies in einer fairen und transparenten Weise geschehen kann.

Wo steht dieser Prozess mittlerweile? Die globale Finanzkrise hat die wirtschaftspolitische Landkarte in den letzten Jahren grundlegend verändert: Viel mehr Länder als in der Phase hohen Wachstums, in der zudem die begrenzten Schuldenerlassprogramme der Gläubiger[150] umgesetzt wurden, sind nun in der Gefahr eines Staatsbankrotts. Seit auf der Nordhalbkugel Staaten ihr marodes Bankensystem mit öffentlichem Geld retten mussten und im Süden der weltweite Konjunktureinbruch die ärmsten Länder besonders betroffen hat, standen oder stehen so unterschiedliche Länder wie Gambia und Griechenland, Island und Simbabwe am Rande der Zahlungsunfähigkeit.

Deshalb stellt die für viele Menschen wirklich lebensbedrohliche Krise zugleich einen *Kairos* für eine globale Reform im Sinne des biblischen Erlassjahr-Konzepts dar. Große Reformen sind in einem globalen Rahmen nur sehr schwer zu erreichen. Fast immer geschieht dies nur in den kurzen Krisenmomenten, wenn der politische Wille zur Veränderung bei einigen Entscheidungsträgern und eine Strömung in breiteren Kreisen der Bevölkerung zusammenkommen. Jahre hindurch war die Forderung nach einem internationalen Insolvenzverfahren das einsame Privileg von Kirchen und Entwicklungsorganisationen. In der ersten Hälfte dieser Dekade reagierten aber Regierungen wie Norwegen, Deutschland oder Argentinien darauf (endlich) positiv. Dazu kommen verstärkte Bemühungen um umsetzbare Vorschläge in den Vereinten Nationen, z. B. in der UN-Konferenz zu Handel und Entwicklung (UNCTAD) sowie ein spannender Diskussionsprozess in der UNO-Vollversammlung. Aber wir wissen auch – z. B. von den kurzlebigen Reformdiskussionen nach der Argentinienkrise 2001 bis 2003 –, dass ein solches *window of opportunity* nicht ewig offen bleibt. Absehbar werden noch in den nächsten Jahren die Folgen der Weltfinanzkrise auch auf der Schwelle Europas spürbar sein. Und so lange wird auch der Druck auf politische Entscheidungsträger anhalten.

> Jahre hindurch war die Forderung nach einem internationalen Insolvenzverfahren das einsame Privileg von Kirchen und Entwicklungsorganisationen.

Die Zeit zum Handeln ist jetzt, und Christen aller Couleur sind herausgefordert, die Weisheit und Weitsicht im Umgang mit Geld, wie die Bibel sie uns zeigt, ernst zu nehmen.

Lesetipps zur Vertiefung

- Marlene Crüsemann/Willy Schottroff (Hg): *Schuld und Schulden: Biblische Traditionen in gegenwärtigen Konflikten*. Chr. Kaiser Verlag 1992.
- erlassjahr.de /Misereor: *Schuldenreport 2016*; Düsseldorf/Aachen 2016; im Netz unter http://erlassjahr.de/produkt/schuldenreport-2016/

Demografie – Die Gestaltung der Generationen-beziehungen aus der Perspektive des Alters

von Prof. Andreas Kruse

Univ.-Prof. Dr. phil. Dr. h. c. Dipl. Psych. Andreas Kruse ist Direktor des Instituts für Gerontologie an der Ruprecht-Karls-Universität Heidelberg.

Mitverantwortung alter Menschen für junge Menschen

Wenn die Bedeutung des Alters für die Gestaltung der Generationenbe-ziehungen thematisiert werden soll, so erscheint es als sinnvoll, von einem Verantwortungsdiskurs auszugehen, der die Möglichkeiten der Verantwor-tungsübernahme alter Menschen in unserer Gesellschaft akzentuiert.

Dies lässt sich mit einem Ausschnitt aus einer Rede von Papst Franzis-kus veranschaulichen. In seiner am 15. März 2013, zwei Tage nach seiner Wahl zum Papst, gegebenen Audienz für die Kardinäle äußerte sich Papst Franziskus auch zum Wesen des Alters:

„Liebe Mitbrüder, nur Mut! Die Hälfte von uns steht in fortgeschrittenem Alter: Das Alter ist – gern drücke ich es so aus – der Sitz der Weisheit des Le-bens. Die Alten haben die Weisheit, im Leben ihren Weg zurückgelegt zu ha-ben wie der greise Simeon, wie die greise Anna im Tempel. Und genau diese Weisheit hat sie Jesus erkennen lassen. Schenken wir diese Weisheit den jun-gen Menschen: Wie der gute Wein, der mit den Jahren immer besser wird, so schenken wir den jungen Menschen die Weisheit des Lebens. Mir kommt in den Sinn, was ein deutscher Dichter über das Alter gesagt hat: ‚Es ist ruhig das Alter und fromm.‘ Es ist die Zeit der Ruhe und des Gebets. Und es ist auch die Zeit, den jungen Menschen diese Weisheit zu geben.“

Diese hier vorgenommene Charakterisierung des Alters ist aus zwei Gründen bemerkenswert: Zunächst greift Papst Franziskus ein Gedicht Friedrich Hölderlins (1770–1843) auf und deutet damit das Alter als „Zeit der Ruhe und des Gebets": „Es ist ruhig das Alter und fromm", so heißt es in Hölderlins Gedicht „Meiner verehrungswürdigen Großmutter zu ihrem 72. Geburtstag". Franziskus gilt als ein Hölderlin-Kenner, und die Tatsache, dass er aus den zahlreichen Deutungen des Alters, die Friedrich Hölderlin in seinem Schrifttum vorgenommen hat, gerade diese auswählt, weist darauf hin, dass er die Ruhe („ruhig") und das Gebet („fromm") als *zentrale* psychologische und religiöse Merkmale des Alters ansieht. Dabei ist der Begriff der *Ruhe* im Sinne der Seelenruhe zu verstehen, was bedeutet, dass das Individuum auf dem Wege der Selbstreflexion zu sich selbst, zu dem Schöpferischen in sich selbst gefunden hat, wodurch ihm weitere seelisch-geistige Kräfte für die Selbst- wie auch für die Weltgestaltung zuwachsen. Dabei ist der Begriff des *Gebetes* auch im Sinne spiritueller und religiöser Kräfte zu deuten, die im höheren und hohen Alter an Bedeutung gewinnen können, wenn nämlich Fragen der Transzendenz, nach dem, was über einen selbst hinausreicht, zunehmend wichtiger werden.

Es wird in dieser Rede ein weiterer Aspekt des Alters angesprochen: Das Alter wird als „Sitz der Weisheit des Lebens" beschrieben, wobei die Weisheit des Lebens auf den Erlebnissen, Erfahrungen und Begegnungen gründet, die das Individuum im Laufe seiner Biografie gewonnen hat, wie auch auf der Reflexion dieser biografischen Stationen. Nur so lässt sich die Aussage „Die Alten haben die Weisheit, im Leben ihren Weg zurückgelegt zu haben" deuten. Diese Weisheit nun bildet eine potenzielle Stärke oder Ressource des Alters, und zwar vor allem in den *Beziehungen zwischen den Generationen*, wenn es nämlich heißt: „Und es ist auch die Zeit, den jungen Menschen diese Weisheit zu geben."

Damit stehen wir im Zentrum unserer Überlegungen zur Verantwortung des Alters in den Generationenbeziehungen und auch im Zentrum des Verantwortungsdiskurses.

Differenzierung zwischen
drei Verantwortungsbezügen

Es soll hier zwischen drei Verantwortungsbezügen unterschieden werden. Den ersten bildet die *Selbstverantwortung* oder Selbstsorge, das heißt die Verantwortung des Individuums für sich selbst; den zweiten die *Mitverantwortung* oder Fürsorge, das heißt die Bereitschaft des Individuums, sich für andere Menschen und die Gesellschaft einzusetzen; und den dritten die *Nachhaltigkeitsverantwortung*, das heißt die Bereitschaft des Individuums, sich für die Wahrung der Schöpfung einzusetzen, die Rechte und Bedürfnisse nachfolgender Generationen ausdrücklich zu achten und in das eigene Handeln einzubeziehen.

Das Alter in den Kontext dieser drei Verantwortungsbezüge zu stellen bedeutet, nach den gesellschaftlichen Rahmenbedingungen wie auch nach den Lebensverhältnissen und der Eigeninitiative des Individuums zu fragen, die im gesamten Lebenslauf gegeben sein müssen, damit ein selbstverantwortliches und mitverantwortliches Leben bis in das hohe Lebensalter möglich ist.

Lebensverhältnisse im Lebenslauf

Um mit den Lebensverhältnissen zu beginnen: Die engen Beziehungen zwischen Bildungsstand, finanzieller Ausstattung, Prävention und gesundheitlicher Versorgung im Lebenslauf einerseits und Lebenserwartung, Gesundheitszustand sowie Grad der Selbstständigkeit im Alter andererseits weisen auf die überaus große Bedeutung der Lebensverhältnisse für ein selbstverantwortliches Leben im Alter hin. Hat das Individuum bereits in früherem Lebensalter kaum Ansprüche artikuliert und nur geringe Unterstützung erhalten, dann ist auch im Alter das entsprechende Anspruchsniveau eher gering, und das Altern wird zudem eher als ein schicksalhafter Prozess gedeutet, der nur geringe Gestaltungsspielräume bietet.

Zugang zum öffentlichen Raum

Um mit den gesellschaftlichen Rahmenbedingungen fortzusetzen: Deren Bedeutung für die Lebensgestaltung im Alter zeigt sich vor allem mit Blick auf die Mitverantwortung im Alter, die verstanden werden soll als Zugang zum öffentlichen Raum und als dessen aktive Mitgestaltung. Dabei ist bei älteren Menschen nicht selten die Sorge erkennbar, gerade im Falle körperlicher Einschränkungen von anderen Menschen abgelehnt, ganz auf das Körperliche reduziert, in den seelisch-geistigen und sozial-kommunikativen Qualitäten nicht mehr anerkannt zu werden – somit aus dem öffentlichen Raum ausgeschlossen zu sein, diesen nicht mehr mitgestalten zu können. In jenen Fällen, in denen sich ältere Menschen aus dem öffentlichen Raum ausgeschlossen fühlen – sei es, dass sie offen abgelehnt werden, sei es, dass sie auf verborgene Ablehnung stoßen –, beraubt sich unsere Gesellschaft eines Teils ihrer Vielfalt. Das mitverantwortliche Leben wird von den meisten älteren Menschen als Quelle subjektiv erlebter Zugehörigkeit, von Wohlbefinden, von persönlichem Sinnerleben verstanden.

Hier nun ist es sinnvoll, den dritten der differenzierten Verantwortungsbezüge zu nennen: Die Verantwortung des Menschen für die Wahrung der Schöpfung, für die Rechte und Bedürfnisse nachfolgender Generationen (Nachhaltigkeitsverantwortung). Hier ist zunächst hervorzuheben, dass sich die *Zusammenarbeit von Jung und Alt in der Arbeitswelt wie auch im freiwilligen Engagement* als besonders kreativitäts- und produktivitätsförderlich erweist. Dies ist zum einen damit zu erklären, dass Angehörige verschiedener Generationen unterschiedliche Sicht- und Handlungsweisen ausgebildet haben – eine Perspektivenvielfalt, die der Lösung von Aufgaben und Problemen nur guttun kann. Dies ist zum anderen darauf zurückzuführen, dass in der Zusammenarbeit zwischen verschiedenen Generationen kompetitive oder rivalisierende Einstellungen aufgegeben werden können – wenn denn die gegenseitige Achtung sichergestellt ist. Und schließlich ist zu berücksichtigen, dass bei älteren Menschen vielfach das

Motiv erkennbar ist, *sich als Teil einer Generationenfolge zu erleben* und innerhalb dieser Generationenfolge Verantwortung zu übernehmen. Verantwortung bedeutet hierbei auch, sensibel für die Rechte und Bedürfnisse nachfolgender Generationen zu sein und diese in eigenen Entscheidungen und Handlungen ausreichend zu berücksichtigen: Wir treten in eine Welt ein, in der zahlreiche Generationen vor uns gelebt und gewirkt haben, und wir scheiden aus einer Welt, in der nach uns noch zahlreiche Generationen leben und wirken werden. Dieses auf Hans Blumenberg (1920–1996) zurückgehende Sprachbild eignet sich dazu, die eigene Generation als Teil einer Generationenfolge zu veranschaulichen und zugleich deutlich zu machen, welche Verantwortung wir auch mit Blick auf die nachfolgenden Generationen tragen, wenn wir Entscheidungen treffen, wenn wir handeln.

Ein umfassender Produktivitätsbegriff

In einem ganz ähnlichen thematischen Zusammenhang steht auch die Selbstdeutung des eigenen Lebens als *Werk*: Nur dann werden Menschen ihr Leben als Werk begreifen können, wenn ihnen die Möglichkeit gegeben ist, in der Kommunikation mit anderen Menschen das eigene Leben zu reflektieren und dabei das lebendige Interesse der anderen an diesem Leben zu spüren. Und nur unter dieser Bedingung kann etwas von diesem Werk an nachfolgende Generationen weitergegeben werden, kann sich die eigene Produktivität noch einmal entfalten. Als Beispiel könnten die vielfältigen Formen bürgerschaftlichen Engagements genannt werden, in denen Ältere ihr Wissen und ihre kritisch reflektierten Erfahrungen an Jüngere weitergeben und dabei erfahren, wie sehr jüngere Menschen dieses Wissen, diese Erfahrungen schätzen. In dieser Kommunikation kommen nicht nur die Potenziale des Alters zum Ausdruck, sondern auch die gesellschaftlichen Erwartungen und Gelegenheitsstrukturen. *Bürgerzentren*, in denen sich Angehörige verschiedener Generationen auf eine natürliche, ungezwungene Art und Weise begegnen, *Mehrgenerationenhäuser*, in denen Alt und Jung zusammenleben, aber auch die *Generationenmischung im Quartier* als bedeutende Form der Sozialraumgestaltung können als derartige Gelegenheitsstrukturen angesehen werden. Hinzu kommen Begegnungsmöglichkeiten zwischen Jung und Alt als Komponente von schulischen Curricula oder von Angeboten der betrieblichen Fort- und Weiterbildung sowie der Erwachsenenbildung.

Auf der Grundlage von Vertrauen in den unterschiedlichen Lebensaltern lassen sich nun verschiedene Richtungen von Vertrauen unterscheiden:

Die Entwicklung von Zukunftsorientierung bei Heranwachsenden erfordert Vertrauen und Glauben an die Vorhersagbarkeit von Ereignissen wie auch an die Kontrollierbarkeit von Geschehen: Damit ist sie zumindest mittelbar an politische, ökonomische und soziale Stabilität gebunden. Studien zur Ausprägung und Entwicklung von Zukunftsorientierung im Jugendalter untersuchen zumeist die private und die gesellschaftliche Zukunftsorientierung. Dabei werden diese beiden Zukunftsaspekte auch voneinander getrennt erfasst. Im Kontext der *gesellschaftlichen Zukunftsorientierung* werden zum Beispiel denkbare Entwicklungen geschildert, deren Eintrittswahrscheinlichkeit von den Befragten bewertet werden soll. Solche Entwicklungen umfassen die Bewältigung der Umweltgefahren, den wirtschaftlichen Konsolidierungskurs, das friedliche und gewaltfreie Zusammenleben der Bürger. Die Erfassung der *privaten Zukunftsorientierung* konzentriert sich dabei häufig auf zwei Themenschwerpunkte, die *familiär-private* Zukunft und die *berufsbezogene* Zukunft. Die Ergebnisse (zum Beispiel der Shell-Jugendstudien) zeugen von einer optimistischen Grundstimmung der Jugendlichen in Bezug auf ihre *private* Zukunft. Veränderte gesellschaftliche Bedingungen erschweren hingegen die Ausbildung von internalen Kontrollüberzeugungen und optimistischer Zukunftsorientierung im Hinblick auf die gesellschaftliche Entwicklung. Die als kulturelle Anpassungsleistung an schwankende gesellschaftliche Rahmenbedingungen beschriebene Identitätsdiffusion geht mit der Distanzierung Heranwachsender von politischer Mitbestimmung wie auch mit einem fatalistischen Zukunftsblick und einer Beliebigkeit gesellschaftlicher Positionen einher.

Das Vertrauen Jugendlicher zu stärken heißt, gesellschaftliche Bedingungen zu erkennen, die Selbstvertrauen, Selbstwirksamkeit, Vertrauen in enge soziale Beziehungen sowie das Vertrauen in gesellschaftliche Institutionen befördern.

Für die Entwicklung im Erwachsenenalter ist charakteristisch, dass oberflächliche soziale Beziehungen aufgegeben und Beziehungen, die subjektiv als bedeutsam gewertet werden, vermehrt angestrebt und gepflegt werden. Die darin zum Ausdruck kommende soziale Neuorientierung wird – nicht zuletzt weil sie in der Regel auch mit einer höheren Bereitschaft, Verantwortung zu übernehmen, einhergeht – in der Entwicklungspsychologie mit dem Begriff der *Generativität* umschrieben. Inwiefern generative Anstrengungen als im Einklang mit der persönlichen Lebensgeschichte, dem jeweiligen sozialen Umfeld wie auch mit Gesellschaft und Kultur insgesamt erlebt werden, welche Formen von Generativität für die Zukunft angestrebt werden, ist Teil eines *Generativitätsskripts*. In diesem spiegelt sich das Vertrauen darauf, durch das eigene Leben auch etwas Bleibendes geschaffen zu haben, bzw. darauf, dass auch nach dem Ende des eigenen Lebens zumindest ein Teil von einem selbst weiter Bestand haben wird.

Alter: Integrität

Mit dieser Entwicklung sind vor allem die folgenden Elemente verknüpft: Eine weniger selbstzentrierte Ausrichtung, eine verstärkte Selektion sozialer Aktivitäten, eine intensive Verbundenheit mit früheren Generationen sowie ein größeres Bedürfnis nach spirituellen und kosmischen Werten. Im hohen Alter ist es vor allem die Aufgabe, das eigene Leben in seiner Gesamtheit als in sich stimmig zu erfahren, in seinen positiven und negativen Aspekten, in seiner Einmaligkeit, Endgültigkeit und Endlichkeit zu akzeptieren und im Sinne von Zufriedenheit zu bejahen. Es geht nicht mehr darum, auf die eigene Person mit ihren Motiven, Perspektiven, Erkenntnissen und Kompetenzen oder auf andere Menschen als verlässliche, solidarische, kooperierende und unterstützende Mitmenschen zu vertrauen, sondern darum, Vertrauen in eine Welt und deren Ordnung zu entwickeln, die vor uns da gewesen ist, nach uns da sein wird und in großen Teilen für uns unabänderlich ist.

Mehrgenerationenprojekte im Kontext der altersfreundlichen Kultur

Die verschiedenen Mehrgenerationenprojekte, die in der Bundesrepublik Deutschland verschiedentlich und mit großer gesellschaftlicher Resonanz aufgelegt wurden, lassen sich auch vor diesem entwicklungspsychologischen Hintergrund als bedeutende gesellschaftliche Initiative begreifen. Menschen im hohen Alter können von diesem Programm erheblich profitieren – denn sie sehen sich nun noch stärker in eine Generationenfolge gestellt, und diese Erfahrung vermittelt die Überzeugung der Zugehörigkeit, der Kontinuität, der Mitwirkung und Mitgestaltung. Auch für das Jugendalter ist dieses Programm wichtig, denn die Identität im Jugendalter ist von der Erfahrung beeinflusst, in zuverlässigen, unterstützenden, befruchtenden Generationenbeziehungen zu leben. Für die Entwicklung der Identität gewinnen nicht nur die positiven Erlebnisse und Erfahrungen in den Beziehungen zu Gleichgesinnten große Bedeutung, sondern die positiven Erlebnisse und Erfahrungen in den Beziehungen zu den anderen Generationen sind ebenfalls sehr wichtig; denn gerade diese vermitteln Zuverlässigkeit, Sicherheit, Stabilität. Bedeutsam ist hier auch der christlich geprägte Bezogenheits- und Freundschaftsaspekt, der in Generationenbeziehungen zum Ausdruck kommen kann und von dem sich der Generationenzusammenhalt leiten lassen sollte.

Betrachtet man die Mehrgenerationenprojekte schließlich vor dem Hintergrund dessen, was ich mit dem Begriff der *altersfreundlichen Kultur* umschreiben möchte, so ist unter altersfreundlicher Kultur zunächst die Einbeziehung älterer Menschen in den gesellschaftlichen, politischen und kulturellen Fortschritt zu verstehen. Nicht selten ist in der öffentlichen Diskussion die Tendenz erkennbar, *über* ältere Menschen zu sprechen, aber eben nicht *mit* diesen. Das legt die Annahme nahe, dass ältere Menschen nicht als aktiver, mitverantwortlich handelnder Teil der Gesellschaft wahrgenommen, ja, dass diese in ihren Stärken und Kräften nicht wirklich ernst genommen werden. In einer altersfreundlichen Kultur hingegen kommen ältere Frauen und Männer in gleicher Weise zu Wort, wird diesen in gleicher Weise Respekt entgegengebracht wie jüngeren Menschen. Eine altersfreundliche Kultur verallgemeinert nicht über die Gruppe der älteren Menschen, sondern achtet die „Einzigartigkeit des Seins" älterer Frauen und Männer.

Nicht selten ist in der öffentlichen Diskussion
die Tendenz erkennbar, über ältere Menschen
zu sprechen, aber eben nicht mit diesen.

Keine der Generationen ist nur lernende oder lehrende. *Jede Generation ist sowohl lernende als auch lehrende.* Eine altersfreundliche Kultur artikuliert schließlich das vitale Interesse unserer Gesellschaft an den Stärken und Kräften im Alter (die von Person zu Person sehr verschieden ausfallen können) und schafft Rahmenbedingungen, die sich förderlich auf die Verwirklichung dieser Stärken und Kräfte auswirken. Zu diesen zählt die *Schaffung von Gelegenheitsstrukturen*, wie zum Beispiel Bürgerzentren, sorgende Gemeinschaften, Mehrgenerationenhäuser, in denen sich die Generationen auf natürliche, unverkrampfte Weise begegnen, sich gegenseitig befruchten und unterstützen: ein bedeutender Anreiz zur Verwirklichung von Stärken und Kräften im Alter – wie übrigens auch in den anderen Lebensphasen.

Mehrgenerationenprojekte betonen schließlich den *öffentlichen Raum*. Dieser kann in den Worten der Philosophin und Politikwissenschaftlerin Hannah Arendt (1906–1975), wie schon dargelegt, als jener Raum verstanden werden, in dem sich Menschen in ihrer Vielfalt *begegnen*, sich in Worten und Handlungen *austauschen*, etwas *gemeinsam beginnen*, mithin Initiative ergreifen – und dies im Vertrauen darauf, von anderen Menschen in der Einzigartigkeit ihres Seins erkannt und angenommen zu werden, sich aus der Hand geben zu können. Eine große Chance für die Entwicklung der Angehörigen verschiedener Generationen, eine große Chance für die Weiterentwicklung von Mehrgenerationenprojekten!

Steuergerechtigkeit – Korruption ans Licht bringen

von Markus Meinzer

Markus Meinzer ist Vorstandsmitglied der britischen Organisation „Tax Justice Network", die sich für mehr Transparenz im internationalen Steuersystem, gegen Steuerschlupflöcher und Steuerbetrug einsetzt. 2015 erschien von ihm das Buch „Steueroase Deutschland".

Warum das Schattenfinanzsystem uns alle bedroht

Apple hat in den vergangenen fünf Geschäftsjahren bis September 2014 in Deutschland gerade einmal 40 Millionen Euro Ertragssteuern bezahlt. Nach Schätzungen von Zeit Online hat Apple indes in dem gleichen Zeitraum allein mit dem Verkauf von iPhones an deutsche Kunden einen Bruttogewinn von 4,5 Milliarden Euro erzielen können.[151] Hätte Apple darauf regulär Steuern entrichten müssen, dann wären rund 1,3 Milliarden Euro Steuern fällig geworden – statt nur 40 Millionen Euro.[152] Weil Apple einen gigantischen Berg unversteuerter Gewinne in Irland aufgehäuft und dafür mit dem irischen Fiskus illegale Steuerabsprachen getroffen hat, verdonnerte die Wettbewerbshüterin der EU-Kommission den Konzern im August 2016 zur Nachzahlung von 13 Milliarden Euro an Steuern.[153] In der Begründung der Entscheidung wurde deutlich, dass Apple auch in anderen Ländern Europas, Afrikas, dem Mittleren Osten und in Indien ähnlich aggressiv vorgehen dürfte wie in Deutschland. Deshalb regte die zuständige Kommissarin Steuerprüfungen in diesen Ländern an, um die Praktiken von Apple anzufechten. Der für das Deutschlandgeschäft von Apple zuständige bayerische Finanzminister hingegen bezeichnete schon am Tag darauf die Nachforderungen der EU-Kommission als „überzogen" und sein Ministerium sah es als „unwahrscheinlich, dass Deutschland aufgrund der Entscheidung der EU-Kommission höhere Steuereinnahmen erhalten wird".[154]

Einige Jahre haben wir in Deutschland nun Zeit gehabt, uns an Steuerskandale einzelner Personen oder Unternehmen zu gewöhnen. Der Finanzsumpf exotischer Finanzplätze wie Panama und den Bahamas, aber auch Begriffe wie „Finanzkrise" und „Eurokrise" sind uns inzwischen allen schon einmal begegnet. Den allermeisten Menschen hierzulande dürfte es dabei aber etwa so gehen, als höre man vom sprichwörtlichen Sack Reis, der in China umfällt: Es betrifft uns nicht wirklich. Geht es dabei nicht nur um das bedauerliche Fehlverhalten Einzelner als Ergebnis der Abkehr des Menschen von Gott? Und was uns als Krise verkauft wird, kommt im deutschen Geldbeutel bisher als Segen an. Die Konjunktur brummt, Arbeitslosenzahlen sind so gut wie lange nicht und in Europa und der Welt „ist Deutschland endlich wieder wer", nachdem wir uns jahrelang wirtschaftlich als das klägliche Schlusslicht Europas gefühlt haben. Entsprechend dürfte in vielen unserer Gemeinden das neueste iPhone für mehr Gesprächsstoff gesorgt haben als die die Steuerzahlungen des Konzerns, die Krise oder deren Ursachen und mögliche Bedeutung für das Reich Gottes.

Dabei bestimmen diese Themen den Alltag von uns allen unmittelbar – von Christen und Nichtchristen, Deutschen und Weltbürgern. Zunächst einmal gilt: Wenn es meinem Nächsten gelingt, sich um die Steuer zu drücken, müssen alle anderen mehr in die Gemeinschaftskasse zahlen. Wenn es vor allem den Vermögendsten und größten Firmen gelingt, ihre Steuer durch das Öffnen oder Aufspüren internationaler Systemlücken zu minimieren, werden Marktwirtschaft, Demokratie und der fundamentale Auftrag Gottes, die praktizierte Nächstenliebe, gefährdet. Die Marktwirtschaft gerät in Schieflage, weil kleine und mittlere Firmen und all jene, die nur im heimischen Markt engagiert sind, im Wettbewerb mit den Konzernkolossen steuerlich benachteiligt und so verdrängt werden. Wer sich jahrelang gegen Kundenschwund gestemmt hat und dennoch einpacken muss, weil Amazon weitgehend steuerfrei wirtschaften und expandieren kann, verliert das Vertrauen daran, dass unsere Wirtschafts- und Wettbewerbsordnung fair ist. Die „Geringsten unter uns" werden beschnitten, weil sich die Steuerlast zu Klein- und Durchschnittsverdienern verschiebt, und bei öffentlichen Dienstleistungen, z. B. Hilfen für Alleinerziehende und (Aus)Bildung, gespart werden muss. Am Ende werden ihnen Chancen verbaut, ihr gottgegebenes Potenzial zu entfalten.

International leiden insbesondere die Bevölkerungen all jener Länder unter dem Schattenfinanzsystem, deren Rohstoffe steuerfrei außer Landes geschafft und deren Eliten die auf Korruption gründenden Reichtümer auf Konten in Zürich, Frankfurt und New York schleusen. Die Demokratie schließlich wird bedroht, wenn Politiker ihr Steuerschonprogramm für große Vermögen, Einkommen, Erbschaften und Konzerngewinne als alternativlos darstellen. Wieso sollte ich noch wählen gehen, wenn sowieso klar ist, dass es in der Politik keine nennenswerten Entscheidungsspielräume gegenüber der Macht des Mammons gibt? Die Ohnmacht ebnet den Weg für Extremisten – zurzeit insbesondere vom rechten Rand –, die mit einfachen populistischen Parolen an die niedersten menschlichen Instinkte appellieren und Nationalismus und Fremdenhass schüren. Das Gefühl, gesellschaftlich abgehängt worden zu sein, hat sicherlich viele Wurzeln – eine aber ist die Beobachtung, dass Rechenschaftspflicht und Gesetzestreue von Teilen der Polit- und Wirtschaftselite nicht mehr eingefordert werden können, und – ganz ähnlich wie zu alttestamentarischer Zeit – die finanziellen Lasten dem einfachen Volk aufgebürdet werden.

Doch nun langsam eins nach dem andern. Im Folgenden möchte ich aufzeigen, wie durch (fehlende) globale Finanz- und Steuerregeln unser deutscher Mittelklassewohlstand verquickt ist mit dem Elend und Hunger unserer „geringsten Brüder" weltweit, und warum wir uns dadurch letztlich großen Segen vorenthalten.

Warum Steuern (auch für Christen) nützlich und unverzichtbar sind

Steuern haben gemeinhin vier Funktionen, die man im Englischen leicht mit den vier „R"s zusammenfassen kann:[155] Revenue (Einnahmen), Redistribution (Umverteilung), Regulation/Repricing (Regulierung/Preiskorrektur) sowie Representation (Teilhabe und Rechenschaftspflicht).

Die erste Funktion, Einnahmen zu generieren, dürfte einleuchten. Als demokratisch verfasste Gesellschaft einigen wir uns darüber, welche gesellschaftlichen Aufgaben gemeinschaftlich-kooperativ über staatliche Organisation erfüllt werden sollen, und welche anderen Bereiche hingegen marktwirtschaftlich organisiert werden sollen. Zur Finanzierung gemeinschaftlicher Aufgaben wie etwa Infrastruktur (Straßen, Gehwege, Fahrradwege), Verkehr (öffentlicher Nahverkehr, Schienenverkehr), Bildung (Kindergärten, Schulen, Universitäten), Sicherheit (Polizei, Rechtssystem), Gesundheit (Krankenversicherung) und anderen werden Ressourcen benötigt, die in Form von Steuern[156] von der Gesellschaft als Ganzer bereitgestellt werden. Dieser gesellschaftlichen Entscheidung kann man sich höchstens dadurch halbwegs legitim entziehen, indem man als Einsiedler abseits dieser öffentlichen Dienstleistungen lebt. Ansonsten beruht das demokratische Gemeinwesen darauf, dass sich alle an Steuergesetze halten, unabhängig davon, ob wir mit einzelnen Staatsausgaben einverstanden sind oder nicht. Dem US-Bürger, Christ und Autor Shane Claiborne drohte im Jahr 2011 Gefängnisaufenthalt, weil er aus Gewissensgründen die Zahlung jenes Anteils seiner Steuerschuld verweigerte, der auf den US-Militärhaushalt und damit auf die Finanzierung der US-Kriege im Irak und in Afghanistan entfiel. In einem öffentlichen Brief erläuterte er die Gründe, künftig diesen Teil nicht mehr an die Steuerbehörde zu zahlen. Stattdessen kündigte er an, diese Summe einer Nichtregierungsorganisation zu spenden, die sich für Frieden und Versöhnung einsetzt.[157] Geschieht eine solch eigenmächtige Steuerverkürzung jedoch im Verborgenen, dann ist keine Bereitschaft erkennbar, die Folgen einer solchen Gewissensentscheidung in einem Rechtsstaat auch in letzter Konsequenz zu tragen. Darum ist Steuerflucht im Kern auch ein Angriff auf die Demokratie.

Die Umverteilung als zweite Funktion von Steuern scheint ebenfalls naheliegend. Jene, die im materiellen Überfluss leben, sollen in einer Gesellschaft einen größeren anteiligen steuerlichen Beitrag zur Finanzierung des Gemeinwesens leisten als jene, die Mangel leiden. Dadurch kommt es in der Tendenz zu einer Annäherung der Lebensverhältnisse bzw. zu einer langsameren Einkommensspreizung.

Ein kleiner Exkurs soll diesen Punkt noch etwas vertiefen. Der Auftrag zum gesellschaftlichen (wirtschaftlichen) Ausgleich darf als zentral für Gottes Botschaft vom Reich Gottes gelten. Zunächst einmal können wir aus dem Schöpfungsbericht lesen, dass Gott uns die Schöpfung nicht als Eigentum übertrug, sondern als eine zu bebauende, zu nutzende und zu erhaltende Leihgabe (1Mose 1+9). Es ist ein Unterschied, ob Gott Adam befohlen hat, einen Zaun um sein Stück Eden zu bauen, oder ob Gott Adam zum sorgfältigen Umgang mit seiner Schöpfung, zur Haushalterschaft und zur Gemeinschaft mit sich und anderen ruft.

Als wichtigstes Gebot neben und nach dem Gebot, Gott zu lieben, setzt Jesus: „Du sollst deinen Nächsten lieben wie dich selbst" (Mt 22,39). Meinen Nächsten wie mich zu lieben ist kaum möglich, wenn ich mein Eigentum verbissen gegen andere Menschen verteidige und nicht gutheiße und zulasse, dass auch andere davon etwas abbekommen und so selbst zu Eigentümern werden können. Gott setzt dem (allzu menschlichen) Selbsterhaltungstrieb das Prinzip entgegen, dass Gottes Segen für uns immer auch Auftrag, immer auch für andere gemeint ist.[158]

Es bleiben in der Bibel wenig Zweifel daran, dass Gott der letztgültige Eigentümer aller Dinge und Erhalter unserer Arbeitskraft ist (vgl. etwa 3Mose 25,23; 5Mose 8,18). Damit ist zunächst geklärt, dass wir uns als Christen nicht hinter das Prinzip verabsolutierten Privateigentums stellen können, das in seiner extremsten Form steuerliche Eingriffe ins Eigentum als Raub ablehnt.[159] In vielen alttestamentarischen Geboten (verstanden als Wegweisungen ins Leben und zu Gott hin) wird dieses Prinzip deutlich, etwa dem Erlass- bzw. Sabbatjahr (5Mose 15,1-14) sowie dem Jubel- bzw. Halljahr (3Mose 25,10-17).

Grund und Boden sollte demnach ganz ungeachtet der „Leistung" oder des „Versagens" des ursprünglichen Eigentümers an diesen zurückgegeben werden. Unserem irdischen Gerechtigkeitsempfinden geht diese Umverteilung wohl zu weit, und manch einer dürfte sich sorgen, dass durch Erlass- und Jubeljahr „Sozialschmarotzer" gefördert, „Leistungsträger" aber gestraft würden. Gottes Pläne und Gebote für unser Leben hingegen scheinen auch im Materiellen von Gnade durchdrungen zu sein.[160]

Man kann die materielle Ausgleichsabsicht des Erlass- und Jubeljahres mit der Umverteilungsfunktion der Steuern gut vergleichen. Eine Steuerprogression (wer mehr verdient, gibt einen größeren Anteil seines Einkommens ab als jener, der weniger verdient) gibt ähnlich voraussetzungslos wie das Erlassjahr wirtschaftlich Schwachen einen Vorteil. So entscheidet in erster Linie die innere Haltung darüber, ob der Zwangscharakter von Steuern im Vordergrund steht, oder ob sie als eine unter vielen Möglichkeiten begriffen werden, Nächstenliebe auszudrücken.[161] Interessanterweise belegen jüngere wissenschaftliche Studien, dass auf Umverteilung bzw. einem kleinen Abstand zwischen Arm und Reich Segen für alle liegt. Auf diesen Befund werde ich später noch etwas näher eingehen.

Nun zurück zur dritten Funktion der Steuern, die Preiskorrektur- bzw. Regulierungsfunktion. Sie lässt sich gut am Beispiel der Tabak- und Alkoholsteuern veranschaulichen. Unser Wirtschaftssystem und Wohlstand erlauben es uns, eine für unsere Gesundheit schädliche Menge an Tabak und Alkohol zu konsumieren. Deshalb verteuern wir als Gesellschaft diese Produkte, um eine Mäßigung im Konsum zu erreichen. Ähnliches gilt für Mineralölsteuern. Weil die (langfristigen) Kosten der durch Verbrennungsmotoren hervorgerufenen Umweltschäden nicht im Benzinpreis enthalten sind, verteuern wir dieses über Steuern, bzw. können über die Kfz-Steuer sparsame und CO_2-arme Fahrzeuge belohnen.

Die vierte Funktion dürfte am meisten Fragen aufwerfen, ist jedoch eine ganz wesentliche und oft übersehene Funktion von Steuern. Die Teilhabefunktion bzw. Rechenschaftspflicht durch Steuern besagt im Prinzip, dass sich ein Mensch mit einer Gesellschaft eher identifiziert und als Teilhaber empfindet, wenn er Steuern bezahlt, als wenn er keine bezahlen würde. Ein Steuerzahler wird eher darauf achten, wie öffentliche Gelder verwendet werden und Rechenschaft von Politikern und Staatsdienern einfordern, als wenn er sich aus seiner Steuerpflicht etwa durch Schwarzgeldkonten im Ausland leicht verabschieden kann und vielleicht gleichzeitig über die „korrupten Politiker" schimpft. Das Bibelwort „Denn wo dein Schatz ist, da wird auch dein Herz sein" (Mt 6,21) lässt grüßen.

Wenn nun also die wohlhabendsten und einflussreichsten Menschen eines Entwicklungslandes nach Belieben Geld ins Ausland schaffen und ihre Steuern darauf hinterziehen können, dann fördert das einen Lebensstil, der mehr der neuesten Mode in Paris oder dem neuesten Sportwagen aus Stuttgart frönt, statt dass Anreize für diese Eliten bestehen, unbequeme Fragen über die Verwendung der Steuergelder zu stellen. Wenn die reichsten Bewohner jedoch nicht mehr nach Belieben Steuern hinterziehen könnten (etwa weil es bessere zwischenstaatliche Kooperation gäbe), dann stiege die Chance, dass „Korruption" der politischen Führungsschicht als ein gemeinsames Problem wahrgenommen und konstruktiv nach Lösungen gesucht werden würde. Statt das Geld mit großem Aufwand zu verstecken, würde der Anreiz steigen, etwa eine Zeitung zu gründen und zu finanzieren, die der Regierung gründlich auf die Finger schaut.

Der Trend seit 1980: Die Steuerlast trifft zunehmend Klein- und Durchschnittsverdiener

Die oben erwähnten vier Funktionen von Steuern verdeutlichen, dass Steuern unvermeidlich sind, solange das Reich Gottes noch nicht vollendet ist. Andererseits sind Steuern nicht automatisch gut und sollten nicht zum Götzen werden. Wie ein Sauerteig soll Gottes Reich alle Bereiche unseres Lebens mehr und mehr durchdringen (Mt 13,33), und dazu gehören auch das Steuersystem und das staatlich organisierte Gemeinwesen. Daher kommt es darauf an, sich die Verwendung der Gelder sowie den Steuermix bzw. die Steuerarten näher anzusehen.

Während die Verwendung der Steuergelder Schwerpunkt des politischen Tagesgeschäfts und der Medienberichterstattung ist[162], bleibt die Zusammensetzung der Gesamtsteuereinnahmen aus verschiedenen Steuerarten weitgehend ausgeblendet, obgleich sie ebenso bedeutsam ist. Der Steuermix gibt an, welchen Anteil verschiedene Steuern zur Finanzierung des Gemeinwesens leisten. Wesentlich für die Betrachtung des Steuersystems unter dem Blickwinkel des Reiches Gottes ist die Unterscheidung in Steuern auf Konsum (Mehrwert- und Verbrauchssteuern), Arbeit (Lohnsteuer) sowie Kapital (Gewinn- und Vermögenssteuern)[163]. Diese drei Steuerarten haben nämlich ganz unterschiedliche Verteilungsimpli-

kationen – und damit unterschiedliche Nähe oder Distanz zum Erlass-
jahr-Ausgleichsauftrag Gottes.

Während Steuern auf Arbeit in der Regel kleine und mittlere Einkommen belasten, werden Steuern auf Kapital in aller Regel vor allem von
den Vermögendsten getragen. Konsumsteuern belasten geringe Einkommen überproportional, denn die gleichen Mehrwertsteuersätze gelten für
alle Einkommenshöhen. Steigt der Mehrwertsteuersatz bzw. der Anteil
des Steueraufkommens aus Konsumsteuern, so müssen kleine und mittlere Verdiener einen größeren Anteil ihres Einkommens für die Mehr-
wertsteuer ausgeben als Großverdiener, die nur einen kleinen Teil ihres
Einkommens für (inländischen) Konsum ausgeben. Steigende Konsumsteuern bedeuten also in der Tendenz eine Beschleunigung der Kluft zwischen Arm und Reich.[164]

Im Trend der letzten Jahrzehnte ist der Anteil der Konsumsteuern ge-
stiegen und jener der Gewinn- und Vermögenssteuern trotz steigenden
Anteils der Gewinne/Vermögen am Bruttoinlandsprodukt stark gesun-
ken[165]. Weil Gewinn- und Vermögenssteuern vorwiegend von den Wohlhabendsten entrichtet werden, kann man daraus in der Tendenz einen sinkenden Umverteilungs- und Ausgleichseffekt des Steuersystems ableiten.
Das Prinzip, wonach besonders Leistungsfähige einen größeren Anteil
ihres Einkommens zur Finanzierung des Gemeinwesens abtreten sollen,
wird damit geschwächt.

Ursachensuche: Steuerflucht, Steuerwettbewerb und das Schattenfinanzsystem

Diese steuerliche Entwicklung hat drei miteinander verbundene Haupt-
ursachen. Das ist zum einen die Steuerflucht, dass also Wohlhabende und
Konzerne zunehmend ihre Vermögen und Einkünfte zumindest auf dem
Papier ins Ausland und in Steueroasen verschieben, um so der Besteuerung zu entgehen, ob legal oder illegal.

Am Beispiel der jüngsten Medienberichte um Unternehmen wie Starbucks, Amazon oder Google lässt sich das gut veranschaulichen.[166] Starbucks hat in den elf Jahren seiner Deutschland-Präsenz bis 2013 noch kei-

nen einzigen Euro Ertragssteuer bezahlt, obwohl Produkte für über 650 Millionen Euro verkauft wurden.[167] Die Gewinne verschwinden über drei Hauptkanäle: Hohe Markennutzungsgebühren werden in eine Starbucks-Holding in der Konzernsteueroase Niederlande verschoben, wo sie kaum versteuert werden; die US-Konzernmutter gewährt Starbucks zu hohen Zinsen Kredite, die hier wiederum vom Gewinn abgezogen werden dürfen; und schließlich kauft Starbucks die Kaffeebohnen weltweit billig über eine Schweizer Tochtergesellschaft in Lausanne ein und verkauft sie teuer weiter. Der Gewinn in der Schweiz wird mit höchstens 12% versteuert.

Anders als Starbucks versteuern kleine, heimische Cafés ihre Gewinne mit einem regulären Steuersatz in Deutschland und sehen sich so mit einem unfairen Wettbewerbsnachteil konfrontiert. Diese Verzerrung der Märkte zum Nachteil kleiner und mittlerer Unternehmen ist eines der noch wenig verstandenen Probleme, das durch die Nutzung von Steueroasen entsteht. Ähnlich wie Starbucks rechnen sich Amazon, Google, Apple und Microsoft, aber auch BASF und Co. vor den Steuerbehörden dieser Welt arm, stets betonend, dass alles völlig legal sei.[168]

Dabei wird gern verschwiegen, dass eine scharfe Trennlinie zwischen (vermeintlich legaler) Steuervermeidung und Steuerhinterziehung oft nicht zu ziehen ist. Denn eine globalisierte Steuervermeidungsindustrie aus hochspezialisierten Anwalts- und Wirtschaftsprüfungskanzleien nutzt die entstehenden Lücken eines nicht-harmonisierten Steuerrechts weltweit weidlich aus und verkauft Steuersparmodelle, insofern diese ihrer Einschätzung nach eine fünfzigprozentige Chance haben, vor Gericht zu bestehen.[169] Steuerbehörden lassen sich allzu oft auf einen Vergleich[170] mit den Unternehmen ein, um ausufernde Gerichtsauseinandersetzungen um grenzwertige Steuervermeidungsmodelle zu vermeiden. Vergleichszahlungen im hohen Millionenbereich sind nicht selten, aber die Rechtslage wird so nicht nachhaltig geklärt.

Diese Steuervermeidungsindustrie berät alle, die es sich leisten können, dabei, Gesetze nicht nur zu brechen, sondern auch und vor allem zu beugen und zu umgehen. Die Gesetze werden im Steuerbereich nicht selten direkt von diesen auch als Experten überall hofierten Lobbyisten geschrieben. Da wundert es wenig, dass sich in diesem Bereich vieles inzwischen in einem rechtlich ungeklärten Graubereich abspielt. Die Gesetze sind oft zu schwammig und unpräzise, als dass strafbares Verhalten nachgewiesen werden könnte, obwohl die Handlungen und Wirkungen eklatant von der Absicht des Gesetzgebers abweichen.

Die zweite Ursache für diese Entwicklung beim Steuerrecht und den Steuereinnahmen wird gewöhnlich als Steuerwettbewerb bezeichnet, also eine Art vorauseilender Gehorsam des Gesetzgebers gegenüber Investoren und Konzernen, die Steuergesetze so anzupassen, dass weniger Steuern auf Kapitaleinkünfte und Vermögen fällig werden.

Die ausgesprochene oder implizite Drohung dabei ist freilich immer die der Abwanderung von Produktion und Arbeitsplätzen ins Ausland. Diese Argumentation hört man beinahe aus jedem politischen Lager als Begründung für Steuerreformen, die insbesondere hohe Einkommen und Gewinne in den letzten Jahrzehnten entlastet haben. Man habe keine andere Wahl als die Steuersenkung, wolle man nicht im Standortwettbewerb abgehängt werden.[171] Inzwischen haben diese Entwicklungen dazu geführt, dass beinahe alle Staaten Züge einer Steueroase tragen für jene, die als ausländische Investoren in einem Land Geld verstecken oder investieren wollen.[172] Dabei widersprechen einflussreiche Stimmen und viele Studien der Behauptung, dass durch Steuergeschenke echte und nachhaltige Investitionen gefördert würden.[173] Wichtiger sind noch immer eine gute Infrastruktur, gut ausgebildete Arbeitskräfte, politische Stabilität und gute Absatzmärkte – alles Faktoren, die nur mit Steuern bereitzustellen sind.

Die dritte Ursache, warum Gleichbehandlungsgrundsätze durch Steuersysteme zunehmend missachtet werden, liegt im weltumspannenden Schattenfinanzsystem. Schattenfinanzplätze (synonym zu „Steueroase") machen Gesetze, die es Ausländern ermöglichen, Gesetze ihrer Heimatländer zu brechen oder zu umgehen – zum Beispiel Gesetze zur Korruptionsbekämpfung, Geldwäscheregeln zu Drogen-, Waffen- und Menschenhandel, Gesetze gegen Terrorfinanzierung, Marktmissbrauch, Insiderhandel – oder eben Steuergesetze.

Wichtiger als die Steuergesetze in den „Oasen" sind deshalb Geheimhaltungsregeln, wie etwa das Bank- oder Steuergeheimnis. Die Panama-Papiere verdeutlichten, dass zur Verschleierung eine breite Palette an Instrumenten wie Briefkastenfirmen, Trusts und Stiftungen dient. Diese werden oft von Vermittlern wie Anwälten, Notaren, Family Offices und Banken für ihre Kunden errichtet und verwaltet. Diese Vermittler, aber auch die verwalteten Vermögenswerte und Bankkonten, befinden sich in allen großen Finanzplätzen der Erde – auch in Deutschland. Ohne die zumindest stillschweigende Duldung durch diese großen Wirtschaftsräume könnte das Schattenfinanzsystem, könnte die Vermummung von Offshore-Investoren nicht überleben – die Souveränität Panamas hin oder her.

Im Schatten dieser rechtlich verbrieften Geheimhaltungsinstrumente entsteht ein kriminogenes Klima, in dem dubiose Geschäfte rechenschaftslos abgewickelt werden können. Sie verhindern, dass Ermittler, Fahnder und Steuerbehörden Anhaltspunkte und rechtskräftige Beweismittel über illegale oder steuerpflichtige Aktivitäten sammeln und Gerichtsverfahren führen können. Das ist mit dem Schattenfinanzsystem gemeint: ein internationales Offshore-Finanzsystem, in dem verschiedene Rechtsräume so ineinandergreifen, dass illegitime und illegale weltumspannende Finanzströme im Verborgenen fließen können – weitgehend ohne Rechenschaftspflichten und jenseits des Arms der Justiz und der Steuerbehörden.

So wirkt das Schattenfinanzsystem wie ein großer Schutzschirm über einer sich polarisierenden Vermögens- und Einkommensungleichheit und sorgt außerdem für Straflosigkeit großangelegter Korruption auf höchster Ebene. Es durchtrennt gezielt die Bande der Rechenschaftspflicht zwischen demokratisch verfassten Gesellschaften und Teilen einer wirtschaftlichen und politischen Elite, die sich über dem Gesetz wähnen.[174] Es wird benötigt, um Schmiergelder für illegale Regenwaldabholzung zu bewegen, Kriege zu finanzieren und Steuern zu hinterziehen. Das Schattenfinanzsystem produziert und verkauft organisierte Verantwortungslosigkeit und ist damit eine Bedrohung für Demokratie und Marktwirtschaft weltweit.

Folgen: Wachsende wirtschaftliche Ungleichheit erzeugt Probleme auch für „Reiche"

Wir leben in einer Zeit drastisch wachsender wirtschaftlicher Ungleichheit. Nach einer Studie von Oxfam besaßen 62 Personen im Jahr 2015 ebenso viel Vermögen wie die ärmste Hälfte der Weltbevölkerung: 3,6 Milliarden Menschen – 2014 waren es noch 85 Personen. Die Tendenz geht also in Richtung zunehmender Konzentration.[175] Ein Armutsbericht der Bundesregierung unterstreicht auch für Deutschland diese Entwicklung hin zu einer wachsenden Kluft zwischen Arm und Reich.[176] Die OECD berichtet, dass von 18 westlichen reichen Staaten nur drei seit 1985 eine leichte Verbesserung der Ungleichheitsindikatoren vorzuweisen haben, während die restlichen 15 Staaten zum Teil deutliche Verschlechterungen ihrer Einkommensgleichheit zu verzeichnen hatten. Im internationalen Vergleich der OECD-Staaten ist Deutschland eines der Länder, in dem der Abstand zwischen Arm und Reich seit 1990 am schnellsten gewachsen ist.[177]

Auf Umverteilung aber und einem nicht allzu großen Abstand zwischen Arm und Reich liegt Segen für alle. Auf diese Einsicht lässt sich vieles im Forschungswerk von Richard Wilkinson und Kate Pickett reduzieren. Die britischen Wissenschaftler haben systematisch untersucht, welchen Einfluss der Gesamtwohlstand sowie die Einkommensungleichheit innerhalb der reichsten Länder auf soziale und Gesundheitsprobleme haben. Sie kommen darin zu dem erstaunlichen Ergebnis, dass bei den 23 untersuchten reichen Ländern nicht der durchschnittliche Reichtum der gesamten Gesellschaft (Bruttoinlandsprodukt pro Kopf) entscheidend ist, sondern das Maß an Einkommensungleichheit.[178] Je ungleicher eine Gesellschaft ist, desto häufiger treten Probleme auf (etwa Kriminalität, Übergewicht, psychische Erkrankungen, Teenagerschwangerschaften etc.) – unabhängig davon wie reich sie im Durchschnitt ist. Könnte hier vielleicht das Erlassjahr-Gebot, das ja auf sozialen Ausgleich bedacht ist, als Segen wissenschaftlich messbar geworden sein – in Form geringerer sozialer Probleme?

Entwicklungshemmnis und internationale Dimension

Entwicklungsländer werden durch das Schattenfinanzsystem besonders geschädigt. Während wir in Industrienationen in den letzten Jahrzehnten beobachten, dass die Anteile aus Gewinnen und Kapitalerträgen am Gesamtsteueraufkommen meist sinken, wird in Entwicklungsländern systematisch der Ausbau von Konsumsteuern – oft durch Auflagen der Weltbank und des Internationalen Währungsfonds – vorangetrieben, während die Gewinn- und Kapitalertragssteuern auf geringem Niveau stagnieren.[179] Dazu kommt, dass der Steuermix in Entwicklungsländern – auch als Erbe des Kolonialismus – meist schon immer regressiver (d. h. Ungleichheit verschärfend) ausgestaltet gewesen ist als in den Industrienationen.[180]

Statistisch betrachtet ist ein Entwicklungsland umso ärmer (gemessen am Bruttoinlandsprodukt pro Kopf), je geringer seine Steuerquote ist (das heißt der Anteil der gesamten Steuern am Bruttoinlandsprodukt.)[181] Die Länder mit geringem Einkommen haben eine durchschnittliche Steuerquote von 13,7 %, Länder mittleren Einkommens von 15,9 % und OECD-Länder mit hohem Einkommen eine Quote von 25,5 %.[182] Vereinfacht gesprochen bedeutet das, dass ein Entwicklungsland Hunger und Armut aus eigener Kraft überwinden könnte, wenn es gelingen würde, die Steuerquote auf das Niveau von Industrienationen zu heben.

Neben den bekannten Problemen in diesen Ländern, die eine Erhöhung der Steuerquote erschweren (dazu zählt die hohe Schattenwirtschaft, Bestechlichkeit, schlechte Regierungsführung usw.), gibt es jedoch auch entscheidende internationale Dimensionen dieses Problems. So kommen viele jüngere Studien zu erstaunlichen Ergebnissen, etwa dass Entwicklungsländer durch illegale Finanzströme ein Vielfaches dessen an Kapital verlieren, was sie durch öffentliche Entwicklungshilfe erhalten. Allein durch eine Art Konzernsteuertrick verlieren Entwicklungsländer jährlich ca. 100 Mrd. US-Dollar an Steuereinnahmen.[183] Der IWF schätzte im Jahr 2015 die Mindereinnahmen der Länder des globalen Südens durch Unternehmenssteuervermeidung auf ca. 200 Mrd. US-Dollar – das ist deutlich mehr als die jährliche staatliche Entwicklungshilfe von 132 Mrd. US-Dollar 2015.[184] Dennoch wiegen die Verluste für Entwicklungsländer schwerer, denn diese Verluste machen dort 6-13% der Steuereinnahmen aus, wohingegen der Verlust in OECD-Ländern ca. 2-3% beträgt. Leider geht auch die 2013 ins Leben gerufene OECD-Steuerinitiative gegen Unternehmenssteuervermeidung (Base Erosion and Profit Shifting – BEPS) dieses Problem nicht an. So wurde der globale Süden größtenteils von den Verhandlungen um neue internationale Steuerregeln ausgeschlossen. Und es verwundert wenig, dass die Vorschläge der OECD sehr komplizierte und restriktive Regelungen enthalten, die vor allem darauf bedacht sind, das Steueraufkommen der Industrienationen zu sichern.

Das Schattenfinanzsystem sorgt mit intransparenten Bilanzierungsregeln dafür, dass es Unternehmen oft gelingt, das wahre Ausmaß ihrer Gewinnverschiebungen zu verschleiern.[185] Dennoch gelang es in jüngster Zeit Journalisten und Aktivisten durch akribische Recherchen immer wieder, einzelne Facetten dieses globalen Steuervermeidungsspiels zu beleuchten. So konnten etwa Rohstoffgigant Glencore[186], die australische Rohstofffirma Paladin oder der Bierbrauer SABMiller (zu den Marken gehören wie „Grolsch" oder „Miller") in Entwicklungsländern ihre Ertragssteuern drastisch senken, obwohl sie mit Förderung von Rohstoffen, der Produktion und dem Verkauf von Waren große Gewinne erwirtschaften. SABMiller etwa erreicht das, indem eine SABMiller-Tochter mit Sitz in Zug/Schweiz den konzerneigenen Brauereien in Afrika überhöhte Rechnungen über teils sogar fiktive Dienstleistungen und Patentgebühren stellt. So schafft SABMiller insgesamt 100 Millionen Schweizer Franken jährlich aus Afrika in Steueroasen, ca. 60 Millionen davon gehen in den Kanton Zug in der Schweiz. Paladin vermied durch ähnliche Steuertricks in Malawi, dem ärmsten Land der Welt, die Zahlung von 43 Millionen US-Dollar über 6 Jahre. Dieses Geld hätte entweder für 431.000 HIV/AIDS Behandlungen, 17.000 Krankenpfleger, 8.500 Ärzte oder 39.000 Lehrer ausgereicht.

Der beste Weg, um eine gerechte Verteilung der Unternehmenssteuern zu erreichen, sind öffentliche länderspezifische Berichtspflichten (sog. Country by Country Reportings, kurz: CBCR) für Konzerne. Viele Nichtregierungsorganisationen fordern seit Langem die Offenlegung solcher Konzernbilanzen, durch die – für jedes Land gesondert – nachvollzogen werden kann, wo die Konzerne wirtschaftlich aktiv sind, Gewinne erzielen und wo sie ihre Steuern zahlen – oder auch nicht zahlen. Während der Verhandlungen um BEPS war jedoch der Widerstand etwa aus den USA und Deutschland so groß, dass aus den öffentlichen Berichtspflichten nur eine Berichtspflicht an den Fiskus im Land der Konzernmutter übrig geblieben ist. Weil Steuerbehörden oft unter politischem Druck stehen, fragwürdige Steuerabsprachen zu treffen, manche großen Firmen nur mit Samthandschuhen anfassen und obendrein personell hoffnungslos unterbesetzt sind, wird dies nicht genügen.

Nur durch öffentliche Transparenz könnte das ganze Ausmaß der Steuergymnastik überblickt werden, eine saubere Steuererhebung sichergestellt und Konzerne durch Reputationserwägungen zu einer Änderung ihrer Steuerstrategien bewegt werden. Natürlich könnten Behörden durch diese Daten ihre Steuerprüfungen zielsicherer einsetzen und missbräuchliche Steuergestaltungen öfter aufdecken.[187] Dann wäre es möglich, in einem zweiten Schritt die veralteten OECD-Steuerregeln durch ein neues Prinzip der Konzernbesteuerung, die sogenannte „Gesamtkonzernsteuer" (unitary taxation), zu ersetzen.[188] Dabei würde Unternehmensgewinn des Gesamtkonzerns einzelnen Ländern nach Wertschöpfung bzw. echter wirtschaftlicher Aktivität zugeteilt, statt wie heute durch Buchhaltungstricks hochbezahlter Unternehmens- und Steuerberater auf dem Papier beliebig verschoben zu werden. Diese Reformbemühungen aber werden von den Nutznießern des Status quo, darunter auch Anwaltskanzleien, Beratungsfirmen und OECD-Regierungen wie die deutsche, zumeist aufs Schärfste bekämpft oder zumindest gescheut.

Entwicklungsländer gewähren den Reichsten unter dem Strich Kredit (statt umgekehrt)

Ein zweites großes steuerbezogenes Problem für Entwicklungsländer ist die Verschiebung großer Summen aus Entwicklungsländern in die Finanzmärkte des Westens. Stellen wir uns die Situation in einem Entwicklungsland vor: Man kann davon ausgehen, dass das wohlhabendste Prozent der gesamten Bevölkerung über mehr als 50% des gesamten Finanzvermögens und -einkommens eines Entwicklungslandes verfügt.[189] Dieses Geld ist freilich nicht im Land selbst angelegt, sondern in aller Regel in den USA oder Europa als Finanzanlagen (etwa Bankkonten) „investiert".[190] In aller Regel werden die Einkünfte aus diesen Anlagen im Herkunftsland verschwiegen und können so nicht besteuert werden.[191]

Ein wichtiger Grund vieler Eliten aus Entwicklungsländern, ihr Vermögen im Ausland anzulegen, besteht in eben dieser Möglichkeit der Steuerhinterziehung durch Steuerbefreiung und Geheimhaltung (Bankgeheimnis). Zum Beispiel fördert Deutschland die Finanzanlagen aus dem Ausland mit der Abgeltungssteuer, die bei Zinserträgen nur für in Deutschland wohnhafte Personen gilt. Schwarzgeld eines Steuerausländers kann also steuerfrei auf einem deutschen Konto aufbewahrt werden. Sorgen, entdeckt zu werden, muss sich in Deutschland kaum jemand machen.[192]

Die deutsche Gesetzgebung rollt ausländischen Steuerhinterziehern geradezu den roten Teppich aus. Weil nur bandenmäßige Steuerhinterziehung in Deutschland unter das Geldwäschegesetz fällt, darf ein Banker in Deutschland im Jahr 2016 völlig legal und vorsätzlich Geld aus ausländischer Steuerhinterziehung annehmen und muss keine Geldwäscheverdachtsmeldung ans BKA senden. Er macht sich dabei in Deutschland nicht strafbar und wird im Zweifelsfall nicht ausgeliefert.[193] Das ist in Frankreich, Großbritannien und sogar Singapur[194] anders – dort riskiert ein Banker für diese Art der Geldwäsche ins Gefängnis zu kommen. 2013 befanden sich zwischen 2,5 und 3 Billionen Euro an solchen unbesteuerten zinstragenden Finanzanlagen im deutschen Finanzsystem, davon ca. 11% aus Schwellen- und Entwicklungsländern – die Dunkelziffer dürfte allerdings viel höher liegen. Kontendepots ausländischer Anleger in den USA belaufen sich auf über 3 Billionen US-Dollar, ein Großteil davon sehr wahrscheinlich unversteuert aus Lateinamerika.[195]

In der Summe führen diese „Offshore"-Finanzanlagen zu einem schockierenden Paradox. Einerseits haben 139 Entwicklungsländer der Welt zwar auf dem Papier gigantische Auslandsschulden von 4,08 Billionen US-Dollar.[196] Rechnet man aber die nicht deklarierten Auslandsfinanzanlagen der Wohlhabendsten sowie Währungsreserven dieser Länder dagegen, dann kommt man zu dem verblüffenden Ergebnis, dass diese Entwicklungsländer Netto-Gläubiger gegenüber dem Rest der Welt sind in der Größenordnung von 10,1 – 13,1 Billionen US-Dollar.[197]

Unser konsumorientierter Lebensstil hängt direkt mit unserer Finanztransparenz und der Not in Entwicklungsländern zusammen

Die ärmsten Nationen der Welt „leihen" also unter dem Strich der westlichen Welt gigantische Summen und helfen so unseren Wohlstand zu finanzieren. Um es vereinfacht zu sagen: Unser Zweitwagen, iPhone und Espressovollautomat werden durch die Bevölkerungen der Entwicklungsländer mitfinanziert, freilich ohne dass diese befragt würden. Das Problem besteht darin, dass die Schulden von den ganzen Gesellschaften der Entwicklungsländer geschultert werden müssen, die Vermögen auf deutschen, Schweizer und US-Konten hingegen durch wenige extrem Wohlhabende kontrolliert werden.

Die Auslandsanlagen aus Entwicklungsländern, die zu 80-90% (auch) steuerlich motiviert sein dürften,[198] haben makroökonomisch relevante Dimensionen nicht nur für Entwicklungsländer erreicht. Diese Anlagen führen zu einer Aufwertung der Währungen im „Norden". Das hat eine überhöhte Außen-Kaufkraft des Euro, des US-Dollars oder des Schweizer Franken zur Folge. Würde der Intransparenz-Anreiz für Anlagen in Deutschland wegfallen, dann könnten große Kapitalanlagen aus unseren Ländern zurück in die Herkunftsländer fließen. Der Anleger aus Südafrika, der bisher gerne sein Geld auf deutschen Konten anlegt, weil er auf die Zinsen weder in Deutschland noch zu Hause in Südafrika Steuern bezahlt, würde sich bei besserer Transparenz etwa durch routinemäßige Kooperation der deutschen Steuerbehörden mit südafrikanischen Steuerbehörden überlegen, ob er riskieren möchte aufzufliegen, oder doch lieber sein Geld abzieht und etwa in Südafrika anlegt. Wenn dies viele oder alle

Schwarzgeldanleger in der EU tun würden, dann könnte im Ergebnis ein Kilo Bananen bei uns 1,50€ statt bisher 1€ kosten, oder eine Tonne Soja 800€ statt wie bisher 500€. Unser Konsum importierter Güter würde sich verteuern und würde zurückgehen. Im Umkehrschluss aber könnten sich hierzulande wieder einige Industrien lohnen, die zuvor wegen billigeren Importen unrentabel wurden.

Außerdem würden Kreditkosten im Verhältnis zu den Kosten für Arbeit steigen. Das heißt, dass der Trend zum Ersetzen menschlicher Arbeit durch Roboter und Maschinen gebremst würde. Ein Espressovollautomat zum Beispiel würde vermutlich deutlich teurer werden und sich vielleicht nicht weiter in deutschen Mittelstandshaushalten verbreiten. Außerdem würden sich Reparaturen an Maschinen wieder eher lohnen als zuvor. Statt Wegwerf-Elektronik und Wegwerf-Haushaltsgeräte zu produzieren, würden wir mehr auf Langlebigkeit achten und eine Verschiebung der Präferenz zu Qualität statt Quantität unterstützen.[199] Insgesamt könnten so neue und in der Summe mehr Arbeitsplätze entstehen.

Ein globales System der tief greifenden Steuerkooperation hätte aber auch andere Vorteile für Staaten der Nordhalbkugel: Wenn wir aus Kapitalerträgen und Gewinnen einen ähnlich großen Anteil des Steueraufkommens wie in den 1970er-Jahren finanzieren würden, dann könnte die Steuerbelastung auf Arbeitseinkünfte deutlich sinken. Insgesamt könnten wir so weniger in der Woche arbeiten bei gleichbleibendem Nettolohn. Für Berufstätige wäre mehr Zeit übrig, um Beziehungen zu Kindern, Familie und Freunden zu pflegen – vom Ehrenamt und lebendiger Teilhabe in Gemeinden ganz zu schweigen.

Darüber hinaus könnten aufgrund steigender Steuereinnahmen die öffentlichen Dienstleistungen verbessert werden und zu einer Verbesserung der Lebensqualität aller beitragen: Schulklassengrößen könnten sinken und Lehrer wären weniger gestresst; Seminare an den Unis könnten in sinnvoller Größe abgehalten werden und in sozialen Berufen könnte die Überarbeitung zurückgehen. Die Einkommensungleichheit würde sinken und, wie wir eingangs gesehen haben, damit statistisch gesehen auch die Kriminalitätsrate sowie viele andere soziale Probleme.

Um diese Veränderungen einzuleiten brauchen wir eine tief greifende zwischenstaatliche Steuerkooperation, die Entwicklungsländer mit einbezieht. Ob der neu beschlossene und viel gefeierte automatische Informationsaustausch daran etwas ändern wird, ist noch nicht absehbar – denn es gibt eine Reihe von Schlupflöchern, Auslassungen und sichtbare Zeichen mangelnden Durchsetzungswillens.[200] Die notwendigen Instrumente werden allein zum eigenen Vorteil entwickelt und man nimmt den Schaden in Kauf, den die mangelnde Kooperation vor allem in Entwicklungsländern offenkundig anrichtet.

Was also würde Jesus tun?

Was würde Jesus also tun angesichts eines globalen Wirtschaftssystems, in dem weniger als 100.000 Menschen 17 Billionen US-Dollar oder über 30% des verfügbaren weltweiten Finanzvermögens anhäufen,[201] während täglich 19.000 Kinder an Unterernährung oder vermeidbaren Krankheiten sterben?[202] Was würde Jesus sagen zu seiner Gemeinde, die einen Lebensstandard pflegt, der natürliche Ressourcen von zweieinhalb (Deutschland) oder vier (USA) Erden verbraucht statt der einen, die uns gegeben ist?[203] Wie gehen wir als Christen mit dieser Information um? Wir dürfen die Worte Jesu aus Mt 25,40 als Lackmustest unserer Liebe zu ihm ansehen: „Was ihr einem meiner geringsten Brüder getan habt, das habt ihr mir getan." Wenn also mehrere hundert Millionen Menschen hungern und eine ganze Generation ohne berufliche Perspektive heranwächst, dann sollten wir aus Liebe zu Jesus Christus ganz sichergehen, dass wir alles in unserer Macht Stehende tun, um diese Situation nicht zu stützen.

Konkret gibt es viele Möglichkeiten, sich für mehr Gerechtigkeit und ökonomische Gleichheit einzusetzen und Freiheit beim Geld einzuüben. Neben dem selbstverständlichen Zehnten kann man bei einfachen Konsumentscheidungen anfangen: Darf fairer Handel oder nachhaltige Geldanlage uns ein wenig mehr Geld bzw. Rendite kosten? Erlauben wir uns als Investoren die Frage, was die Bank mit unserem Geld macht, statt uns auf die Jagd nach dem höchsten und schnellsten Zinsertrag zu begeben?

Als Unternehmer in kleinen und mittelständischen Betrieben kann ich in meiner Interessenvertretung für öffentliche länderspezifische Konzernbilanzen eintreten und dafür, dass Steuertricks von Starbucks, Amazon und Google abgelehnt werden, weil sie Großunternehmen einen unfairen Wettbewerbsvorteil verschaffen.[204]

Als Insider kann ich überlegen, welche Rolle ich spielen könnte. Viele Experten im Bereich der Steuer- und Finanzthemen verdienen so gut, dass eine kritische Auseinandersetzung schwierig wird – dennoch gibt es immer wieder Einzelne, die mit ihrer profunden Sachkenntnis entscheidende Beiträge leisten können.

Als deutsche Staatsbürger und als Christen dürfen wir uns weit über die Wahlen hinaus sichtbar gesellschaftspolitisch einmischen. Wir können anfangen bei der Überprüfung unserer Wahlpräferenzen, besonders im Hinblick auf die Umverteilungswirkungen der Regierungen, und uns für die Ärmsten und eine neue Vision nachhaltiger und ausgewogener Wirtschaft einsetzen.

Das geht zum Beispiel in der Micha-Initiative, einem Zusammenschluss von Christen, der aus der Evangelischen Allianz hervorgegangen ist. Sie setzt sich lokal, national und international für die Erreichung der Nachhaltigkeitsziele der Vereinten Nationen ein.[205] Wer sich zu diesen Themen nicht persönlich einbringen kann oder will, könnte die Arbeit der Micha-Initiative unterstützen. Klar ist, dass für echte Veränderung ein langer Atem, tiefe Sachkenntnis und auch politischer Druck „von unten" nötig sein wird.

Wir können kommunalpolitisch beginnen aktiv zu werden, uns dafür einzusetzen, dass Schulen oder öffentliche Einrichtungen fairer einkaufen, aber auch besser finanziert werden. Wir können die Nutzung von Steueroasen durch Unternehmen bei der Vergabe öffentlicher Aufträge kritisch hinterfragen.[206]

Auf bundespolitischer Ebene können wir uns für mehr Transparenz im Steuer- und Finanzbereich sowie tiefere Kooperation mit Entwicklungsländern einsetzen. Konkret halte ich vier Reformbemühungen im 21. Jahrhundert für zentral, um das Schattenfinanzsystem und die Ausbeutung der Ärmsten hier wie im globalen Süden zu bremsen:[207]

a) Tief greifender automatischer steuerlicher Informationsaustausch zwischen Entwicklungsländern und Industrienationen bzw. Steueroasen.

b) Einführung öffentlicher Register der wahren Eigentümer von Unternehmen und Stiftungen.

c) Öffentliche länderspezifische Konzernbilanzen für das weltweite Firmengeflecht.

d) Besteuerung von Konzernen als Einheit dort, wo sie tatsächlich wirtschaftlich aktiv sind.

Über die beiden Reformvorschläge b) und c) wurde auf EU-Ebene noch Ende 2016 verbissen verhandelt und die deutsche Bundesregierung spielte dabei eine entscheidende – leider eher bremsende – Rolle. Nicht alle der deutschen Parteien setzen sich bisher für diese Maßnahmen ein. Es wäre wichtig, wenn auch im Blick auf bevorstehende Wahlen allen Parteien deutlich würde, wo Christen bei diesen entscheidenden Reformvorschlägen stehen. Dabei sollten wir uns darauf einstellen, das Kleingedruckte bei der Freude über alles Erreichte genau zu studieren. Sind wir nicht berufen, „schlau wie die Schlangen und unschuldig wie die Tauben" (Mt 10,16) vorzugehen?

Bei all diesen Impulsen bleibt klar, dass Gottes Reich letztlich nicht durch Gesetze und Politik kommen wird. Aber diese können durchaus in größerem Einklang mit Gottes Reich formuliert und verändert werden, wie z. B. einst Wilberforce dies mit dem Verbot des Sklavenhandels in Großbritannien als Christ durch ein Gesetz erreichte.[208] Bei vielen dieser Möglichkeiten werden wir aus unserer bequemen „christlichen Ecke" herauskommen und uns zeigen müssen. Jesus spricht uns zu, wir seien das Licht der Welt (Mt 5,14). Im Römerbrief (8,19) sagt Paulus: „Denn das sehnsüchtige Harren der Schöpfung wartet auf die Offenbarung der Söhne Gottes." Könnte Paulus damit auch unser Einmischen in unsere Gesellschaft gemeint haben?

Lesetipps zur Vertiefung

- Markus Meinzer: *Steueroase Deutschland: Warum bei uns viele Reiche keine Steuern zahlen.* München: C. H. Beck, 2016.
- Nicholas Shaxson: *Schatzinseln. Wie Steueroasen die Demokratie untergraben.* Zürich: Rotpunktverlag, 2011.

Migration und die Christen

Von Shabnam Jalali

Shabnam Jalali (38) ist Beraterin und Trainerin für interkulturelle Kompetenz. Als selbstständige Trainerin betreibt sie in Hamburg erfolgreich ihre eigene Unternehmung, Cross Culture Consulting.

„Erst hatten wir die Flüchtlingskrise und jetzt kommt die Integrationskrise! Die sind gekommen, um zu bleiben!", sagte mir neulich ein Leiter eines evangelischen Verbandes auf einem christlichen Kongress: Sein Ton war durchtränkt von Sorge und Angst. Zugleich sah er es als seine christliche Pflicht, „diesen Menschen" zu helfen. Interessanterweise hatte er wenige Minuten zuvor erfahren, dass ich eine von „diesen Menschen" bin. Ich hatte mich im Laufe meines Vortrags geoutet. Ja, ich bin ein ehemaliges Flüchtlingskind. Meine Eltern waren gezwungen, 1983 meinen damals zweijährigen Bruder, mich und 2 Koffer zu packen und unsere Heimat, den Iran, auf unbestimmte Zeit zu verlassen. Es tobte der Iran-Irak-Krieg. Meine Eltern wollten, dass wir Kinder ein Leben in Freiheit führen, dass wir überhaupt LEBEN können. Sie gaben dafür alles auf. Aber sie trugen auch immer die Hoffnung im Herzen, eines Tages in einen befreiten Iran zurückzukehren. Ich weiß nicht, wie oft ich in den ersten 4 Jahren in Deutschland von meinen Eltern und ihren Freunden die Sätze hörte: „Bald können wir nach Hause! Bald ist das Land von den Mullahs befreit und wir können endlich wieder nach Hause!" 33 Jahre später steht mir nun dieser christliche Leiter gegenüber und sagt mir ins Gesicht: „Die sind gekommen, um zu bleiben! Das ist ein Problem! Die werden sich nicht integrieren!"

Dieses kurze Gespräch beschäftigte mich aus unterschiedlichen Gründen sehr lange. Denn die Angst und die Sorge des Mannes sind real und nicht kleinzureden. Immer wieder erlebe ich in meinen Seminaren, dass Menschen Angst haben. Oft haben sie sogar Angst davor, zu ihrer Angst zu stehen, da sie sofort dafür angeklagt werden. Sie haben Angst vor dem Unbekannten, vor dem Fremden und vor allem vor dem Islam! „Man weiß ja nicht, was so dahinter steckt." Sobald sie aber durch das Seminar Wissen und Verständnis über Kulturen vermittelt bekommen, wird diese Angst kleiner oder sie verschwindet sogar. Trotzdem gehe ich oft mit einem mulmigen Gefühl nach Hause. Ich frage mich, wie es sein kann, dass in diesem Land seit gut 60 Jahren Millionen Menschen verschiedenster Herkunftskulturen leben und alle so wenig voneinander wissen. Warum sind Deutsche wie ich immer noch Fremde oder „gut integriert"? Warum haben Christen Angst vor einer vermeintlichen Islamisierung, wo doch Gottes Wort uns stets zuspricht, uns nicht zu fürchten? Diese Fragen und noch viele mehr bewegen mich aktuell zutiefst. Wenn ich in den sozialen Medien sehe, wie viele meiner christlichen Kontakte gut versteckten Hasstiraden und diskriminierenden Aussagen zustimmen, wird *mir* ganz bange. Sind wir Christen nicht aufgefordert, unseren Nächsten, sogar unsere Feinde, zu lieben? Ja! Sind wir! Auf diese Frage fand ich Gott sei Dank sehr schnell eine Antwort. Auf der Suche nach Antworten zu den anderen Fragen habe ich etwas anderes festgestellt: Das Fremde macht den Menschen immer Angst! Nur kommen viele Menschen nicht auf den Gedanken, dass für die Geflüchteten wir Deutschen auch Fremde sind! Alles an diesem Land ist für sie neu und fremd. Was nun? Ich sehe mehrere Möglichkeiten: Wir können so weitermachen wie bisher. Frei nach dem Motto „leben und leben lassen" kümmert sich jeder um seine eigenen Belange. Man lebt so nebeneinander her, schimpft auf die Politik und baut sichtbare und unsichtbare Grenzen auf. Oder, wir machen es diesmal anders, wir bauen Brücken und reißen Mauern ein!

Egal für welche Alternative wir uns entscheiden: Es ist essenziell wichtig, sich auf die Fakten zu besinnen. Fakt ist, dass Terror und Kriege sich ausgeweitet haben. Fakt ist, dass zurzeit 60 Millionen Menschen weltweit auf der Flucht sind. Fakt ist, dass im Jahr 2015 ca. eine Million Menschen nach Deutschland geflohen sind. Fakt ist, dass diese Tatsache sehr viele

Probleme mit sich gebracht hat. Fakt ist aber auch, dass Deutschland vor gut 70 Jahren viel Schlimmeres überwunden hat. Aus dem Nichts haben damals die Deutschen dieses Land wortwörtlich wieder aufgebaut. Fakt ist auch, dass 1 Million Geflüchteten gut 80 Millionen Einwohner gegenüberstehen. Fakt ist, dass Christen seit Jahrzehnten beten und fasten, dass Muslime Jesus Christus als ihren Erlöser erkennen. Ca. 70 % der im Jahr 2015 eingereisten Flüchtlinge sind Muslime. Lassen wir uns durch das vermeintlich Fremde verunsichern und ängstigen oder nutzen wir unseren Heimvorteil?

„Wie kann das praktisch aussehen?", fragen sich viele Menschen, die sich entscheiden, Brücken zu bauen. „What would Jesus do?" war Mitte der 1990er-Jahre die Frage der Christen. Überall trug man diese mit „W.W.J.D." bedruckten Armbändchen. Irgendwann kamen sie aus der Mode und landeten in irgendwelchen Schubladen. In den letzten 5 Jahren stelle ich mir diese Frage immer öfter. Seit dieser Zeit arbeite ich intensiv mit jungen Migranten, neuen Deutschen (sog. Deutsche mit Migrationshintergrund), Flüchtlingen und ihren Helfern. Wie ist Jesus mit Menschen umgegangen, die nicht aus seinem Kulturkreis stammten, die ihm fremd waren? Er hat sie angenommen, wie sie waren. Für Jesus stand und steht immer die Person als Ganzes im Fokus, inklusive ihrer kulturellen Herkunft. Mit Liebe und Respekt investierte er zunächst einmal in die zwischenmenschliche Beziehung, indem er Gemeinschaft mit ihnen pflegte. Für mich ist dies das beste Integrationskonzept. So öffneten viele ihm ihre Herzen und wurden Bürger eines himmlischen Königreiches, einer neuen Heimat. Andere wiederum entschieden sich gegen ihn und trugen entsprechend die Konsequenzen. Jesus ließ und lässt ihnen diese Freiheit. Letztendlich brauchen wir, wie die Apostel auch, einfach nur seinem Beispiel zu folgen.

In den letzten Jahren haben sich hunderttausende Menschen ehrenamtlich für Geflüchtete eingesetzt. Kirchen und soziale Organisationen haben innerhalb kürzester Zeit Großartiges auf die Beine gestellt, um Menschen hier willkommen zu heißen. Jedoch kommt es oft vor, dass die Ehrenamtlichen sich gefrustet aus der Arbeit zurückziehen, entweder weil sie überfordert sind oder weil scheinbar unüberbrückbare Grenzen zwischen den Kulturen auftauchen. Das Problem ist, dass niemand auf diese große Anzahl Geflüchteter vorbereitet war. Man kann sich darüber streiten, ob diese Flüchtlingswelle vorhersehbar war oder nicht. Tatsache ist, dass sie den Großteil unserer Gesellschaft eiskalt erwischt hat.

Was kann man als Deutsche(r) nun tun? Wir können uns immer noch vorbereiten, informieren, interkulturelle Kompetenz aneignen und dann neue Freundschaften schließen. Nicht als Helfer, sondern als Nachbarn, die sich gegenseitig Gutes tun. Der Kulturwissenschaftler Alexander Thomas äußert sich zum Thema interkulturelle Kompetenz wie folgt: „Die Entwicklung interkultureller Handlungskompetenz setzt die Bereitschaft zur Auseinandersetzung mit fremden kulturellen Orientierungssystemen voraus, basierend auf der Grundhaltung kultureller Wertschätzung. Interkulturelle Handlungskompetenz zeigt sich in der Fähigkeit, die kulturelle Bedingtheit der Wahrnehmung, des Urteilens, des Empfindens und des Handelns bei sich selbst und bei anderen zu erfassen, zu respektieren, zu würdigen und produktiv zu nutzen."[209] Es gilt also erst einmal zu wissen, wer ich bin, welche Werte ich vertrete und wofür ich stehe. Danach gilt es, mein Gegenüber kennenzulernen: Welche Werte vertritt er? Gegenseitiger Respekt und Wertschätzung schaffen dann die Grundlage, um Gemeinsamkeiten zu entdecken und Brücken zu schlagen. Paulus beschreibt es im ersten Korintherbrief:

„Ich bin also frei und von niemandem abhängig. Aber um möglichst viele für Christus zu gewinnen, habe ich mich zum Sklaven aller Menschen gemacht. Damit ich die Juden für Christus gewinne, lebe ich wie ein Jude: Wo man alle Vorschriften des jüdischen Gesetzes genau befolgt, lebe ich auch danach, obwohl sie für mich nicht mehr gelten. Denn ich möchte auch die Leute gewinnen, die sich dem Gesetz unterworfen haben. Bin ich aber bei Menschen, die ohne diese Gesetze leben, dann passe ich mich ihnen genauso an, um sie für Christus zu gewinnen. Das bedeutet aber nicht, dass ich mich gegen Gottes Gebote stelle. Ich befolge das Gesetz, das Christus uns gegeben hat" (1. Korinther 9,19 ff., HFA).

Es ist also nötig, sich mit den uns noch fremden Kulturen auseinanderzusetzen und ihre Werte, Traditionen und Bräuche kennenzulernen und zu würdigen. Zugleich gilt es zu entdecken und uns gewiss zu sein, wer wir selbst in Christus sind.

Ich bin davon überzeugt, dass wir aktuell einen *Kairos* Gottes erleben, einen von Gott geschenkten Moment unserer Geschichte. Seit über 20 Jahren beten und fasten wir jährlich während des Ramadans für Muslime. Jetzt haben wir ca. 700.000 weitere Muslime in unserem Land. Nun gilt es mehr denn je, für sie zu beten und mit ihnen in Beziehung zu treten. Fast täglich erlebe ich, wie offen gläubige Muslime gegenüber uns Christen sind, wenn sie erkennen, dass wir genau wie sie danach trachten, Gottes Willen zu tun. Während sie den Deutschkurs besuchen, vertrauen sie lieber uns ihre Kinder an, als Menschen, die offen bekennen, dass sie nicht an Gott glauben. Sie fühlen sich wertgeschätzt, wenn man sie nicht zwingt, alle ihre Gewohnheiten und Werte beiseitezulegen. Die einfache Geste, sich vor der Tür einer muslimischen Familie die Schuhe auszuziehen, öffnet nicht nur die Tür der Wohnung, sondern auch die Tür zu den Herzen. Gemeinsam zu kochen, gemeinsam zu essen, zu lachen und zu weinen schafft Verbindungen zwischen den Herzen. Da unsere Herzen erfüllt sind vom Heiligen Geist Gottes kommen so unsere neuen und auch alten Nachbarn dadurch in Verbindung mit Jesus. In uns begegnet ihnen Christus.

Es gibt unheimlich viele Wege und Möglichkeiten, mit Geflüchteten in Kontakt zu treten: Patenschaften, mit Händen und Füßen Deutsch zu unterrichten, Kunstprojekte und vieles mehr. Da sind der Kreativität keine Grenzen gesetzt. Wichtig bleibt aber, immer darauf zu achten, dass man sich selbst und den anderen nicht überfordert.

Menschen zu helfen, hier in Deutschland und im Reich Gottes eine zweite Heimat zu finden, das ist nicht nur meine christliche Pflicht, sondern auch mein Herzensanliegen. Denn Heimatlosigkeit führt zur Entwurzelung. Entwurzelung führt zu innerlichem Tod. Es stellt sich nun die Frage: Wie wollen wir Christen mit der Flüchtlingssituation umgehen? Wollen wir sie als Krise betrachten oder wollen wir dazu beitragen, dass die zu uns gekommenen Menschen neue Wurzeln in neue Erde schlagen?

Ausblick

Die Gastbeiträge haben gezeigt, dass Veränderungen möglich sind, sie brauchen aber in der Regel Zeit. Je größer die Missstände, desto mehr Zeit sollte man für die Neuorientierung ansetzen. Das gilt für das Leben eines Menschen, der zum Glauben an Jesus Christus kommt, ebenso wie für gesellschaftliche Strukturen. Deshalb ist und bleibt politische Arbeit eine Saat auf Hoffnung.

Doch der Einsatz lohnt sich, auch wenn vielleicht erst auf lange Sicht eine Änderung deutlich wird. Denn schon die ersten Schritte, der erste Handgriff, das erste Mal aufstehen und das Wort ergreifen, ermutigt andere, nicht aufzugeben, sondern mit anzupacken.

Von einem unbekannten Verfasser stammt folgende Parabel:

Ein junger Mann hatte einen Traum: Er betrat einen Laden. Hinter der Ladentheke sah er einen Engel stehen. Hastig fragte er den Engel: „Was verkaufen Sie, mein Herr?" Der Engel gab freundlich zur Antwort: „Alles, was Sie wollen." Da fing der junge Mann sofort an zu bestellen: „Dann hätte ich gern: Das Ende der Kriege in der Welt, bessere Bedingungen für die Randgruppen in der Gesellschaft, Beseitigung der Elendsviertel und …" Da fiel ihm der Engel ins Wort und sagte: „Entschuldigen Sie, junger Mann, Sie haben mich verkehrt verstanden. Wir verkaufen hier keine Früchte, wir verkaufen hier nur den Samen."

Soziale Hilfe und verantwortliches gesellschaftspolitisches Handeln sind Früchte der lebensverändernden Versöhnung, die in Jesus Christus gegeben ist. Sie gehören immer als ein wesentlicher Aspekt des Auftrags der Gemeinde zur Mission, setzen allerdings auch immer diese Mission schon voraus.

Wollen wir uns den gesellschaftspolitischen Herausforderungen stellen, den Auftrag Gottes zur verantwortlichen Gestaltung der Welt annehmen, dem Beispiel Jesu folgen und den inneren und äußeren Nöten und Missständen unserer Welt entgegentreten?

„Wir wollen Orte schaffen helfen, von denen der helle Schein
der Hoffnung in die Dunkelheit der Erde fällt."
F. v. Bodelschwingh d. Ä.

Friedrich von Bodelschwingh d. Ä. traf für sich eine bemerkenswerte Entscheidung: „Wir wollen Orte schaffen helfen, von denen der helle Schein der Hoffnung in die Dunkelheit der Erde fällt."[210]
Wenn wir Nachfolge ernst nehmen, werden die nachhaltigen Veränderungen in unserem gesellschaftlichen Umfeld nicht ausbleiben. Und es ist nicht schwer, sich auf den Weg zu machen:

- Alles beginnt damit, dass wir Gott von Herzen lieben und Jesus folgen wollen.
- Wir geben die Hoffnung nicht auf, dass Menschen und Gesellschaften verändert werden können.
- Wir bekennen uns zu Gottes Wort und Werten, um den Menschen eine zuverlässige Orientierung zu bieten.
- Wir suchen das Gespräch mit Menschen in Verantwortung und Politik. Wir bestärken sie in dem Guten, das sie tun, und inspirieren sie zu Veränderungen, die nötig sind.
- Wir nennen Unrecht und Missstände beim Namen und bemühen uns um Auswege, die für alle Beteiligten Leben ermöglichen.
- Wir lieben mit Herz und Hand. Deshalb packen wir an, wo es gilt, Not zu lindern. Damit tragen wir Gottes Frieden und Heil dorthin, wo Unfrieden und Unheil herrschen.

Bringt uns das die heile Welt oder den Himmel auf Erden? Nein, ganz sicher nicht. Aber ganz bestimmt eine heilere Welt, die ihren Menschen eine bessere Ahnung davon geben könnte, wie Gott ist und was er eigentlich für seine Schöpfung bereithält.

Sogar Heinrich Böll, dem man nun wahrlich keine evangelikale Gesinnung unterstellen kann, bekannte einmal:

„Selbst die allerschlechteste christliche Welt würde ich der besten heidnischen vorziehen, weil es in der christlichen Welt Raum gibt für die, denen keine heidnische Welt je Raum gab: für Krüppel und Kranke, Alte und Schwache. Und mehr noch als Raum gab und gibt es Liebe für die, die der heidnischen wie der gottlosen Welt nutzlos erschienen und erscheinen. Ich glaube, dass 800 Millionen Christen auf dieser Erde das Antlitz dieser Erde verändern könnten."[211]

„Ich glaube, dass 800 Millionen Christen auf dieser Erde das Antlitz dieser Erde verändern könnten." H. Böll

---

Wo Christus in der Welt verkündigt, geglaubt, geliebt und im Lebensalltag erfahren wird, kann man zu Recht sagen: „Mission erfüllt".

Feedback und Dikusssionsbeiträge an den Autor:
Timo Plutschinski
Achter de Weiden 49
22869 Schenefeld
Tel.: 040/18238804
E-Mail: timo.plutschinski@worldea.org

Organisationen und Initiativen

Es bestehen bereits zahlreiche Initiativen und Projekte, in denen sich Christen die politische Verantwortung zum Thema machen und entsprechend engagieren. Einige davon sollen hier beispielhaft genannt werden:

Arbeitskreis Politik der Deutschen Ev. Allianz

Der 2003 gegründete Arbeitskreis Politik der Ev. Allianz Deutschland sieht seine Aufgabe darin, das Bewusstsein für die gesellschaftliche Verantwortung der Christen zu wecken und zu stärken und dafür Hilfestellungen und Handreichungen zu erarbeiten, Stellungnahmen zu gesellschaftspolitischen Herausforderungen zu geben – insbesondere in Wertefragen – und Gespräche mit politisch Verantwortlichen auf formeller und informeller Ebene zu führen.
www.ead.de/arbeitskreise/politik/arbeitskreis-politik.html

Erlassjahr-Kampagne (Entwicklung braucht Entschuldung e. V.)

„erlassjahr.de – Entwicklung braucht Entschuldung" ist ein breites gesellschaftliches Bündnis. Zu den derzeit etwa 700 Mitträgerorganisationen gehören Landeskirchen, Diözesen, entwicklungspolitische Organisationen, Eine-Welt-Gruppen, Vereine, Kirchengemeinden und Weltläden.

erlassjahr.de ist eingebunden in ein weltweites Netzwerk von über 50 ähnlichen Kampagnen und Bündnissen. Sie alle wollen es nicht hinnehmen, dass untragbar hohe Schulden in vielen Ländern des Südens wichtige Investitionen in Gesundheit, Bildung und Infrastruktur unmöglich machen.
www.erlassjahr.de

Fresh Expressions of Church (Fresh X)

Fresh X entstehen aus einer Haltung heraus. Diese bringt Initiativen vor Ort hervor, z. B. eine Kletterkirche, eine Gospel-Church, Jugendgemeinden, Caféthralen, kleine christliche Gemeinschaften, eine Brotbackkirche, Gottesdienste in einer Bar, Überraschungskirche für Familien, einen christlichen Fußball-Fanklub, Integrationsarbeit unter Flüchtlingen, Kirche auf dem Bauernhof, Initiativen in sozialen Brennpunkten u.v.m. Verschiedene Kirchen, Verbände und Werke tragen und unterstützen das deutschsprachige Fresh-X-Netzwerk.
freshexpressions.de

Initiative christlicher Bürgermeister und Landräte (ICBL)

Ziel der Initiative ist die Ermutigung von Bürgermeistern, Landräten und leitenden Verwaltungsbeamten zu einem Leben mit Jesus Christus sowie die Netzwerkbildung mit laufendem Informationsaustausch und dem Aufbau einer Plattform für verschiedene Angebote.
www.icbl.de

Institut für Transformationsstudien (ITS)

Das Institut für Transformationsstudien (ITS) bietet mit dem Studienprogramm Gesellschaftstransformation ein akademisches, interdisziplinäres Programm an, das in zwei Phasen zu einem „Master of Theology" führt und für Aufgaben in den Praxisfeldern zwischen Gemeinde, Mission und Gesellschaft qualifiziert.
www.transformationsstudien.de/gesellschaftstransformation.html

International Justice Mission (IJM)

IJM Deutschland e.V. ist der deutsche Zweig der internationalen Menschenrechtsorganisation International Justice Mission (IJM), die sich in dreizehn Partnerländern für die Rechte der Opfer von Sklaverei, Menschenhandel, Zwangsprostitution und anderen Formen gewaltsamer Unterdrückung einsetzt. Dazu arbeiten weltweit mehr als 350 Mitarbeiter als Anwälte, verdeckte Ermittler und Sozialarbeiter mit lokalen Behörden zusammen, um Betroffene zu befreien, Nachsorge zu vermitteln, Täter zu überführen und die Funktionsfähigkeit von Rechtssystemen zu fördern.
www.ijmde.org

Kongress christlicher Führungskräfte

Der Kongress christlicher Führungskräfte findet seit 1999 alle zwei Jahre statt. Er steht unter dem Motto „Mit Werten in Führung gehen" und hat sich in den vergangenen Jahren zum größten Wertekongress im deutschsprachigen Europa entwickelt. Der Kongress versteht sich als Wertevermittler und dient der Orientierung, der Motivation und dem Erfahrungsaustausch von Führungskräften aller Branchen. Ziel des Kongresses ist es, Christen in verantwortlichen Positionen zu ermutigen, Verantwortung zu übernehmen und Werte zu leben. Das Programm liefert eine Vielfalt von praktischen Lösungen für brandaktuelle Herausforderungen und Fragen in den Führungsetagen von Wirtschaft, Politik und Gesellschaft.
www.fuehrungskraeftekongress.de

Micha Deutschland e.V.

Die Micha-Initiative ist eine weltweite Kampagne, die Christinnen und Christen zum Engagement gegen extreme Armut und für globale Gerech-

tigkeit begeistern möchte. Sie engagiert sich u. a. dafür, dass die Nachhaltigkeitsziele (SDGs) der Vereinten Nationen umgesetzt werden.
www.micha-initiative.de

Netzwerk Steuergerechtigkeit Deutschland (Tax Justice Network)

Im Netzwerk Steuergerechtigkeit Deutschland arbeiten Gewerkschaften, kirchliche und entwicklungspolitische Organisationen, soziale Bewegungen, Umwelt- und Menschenrechtsverbände, wissenschaftliche Institutionen und weitere zivilgesellschaftliche Organisationen sowie aktive Einzelpersonen zusammen. Gemeinsam engagiert sich das Netzwerk auf verschiedenen Feldern für eine am Gemeinwohl orientierte Steuer- und Finanzpolitik.
netzwerk-steuergerechtigkeit.de

Stiftung für Grundwerte und Völkerverständigung

Die Stiftung für Grundwerte und Völkerverständigung hat sich zum Ziel gesetzt, das Bewusstsein für die Verantwortung vor Gott und den Menschen und die Völkerverständigung in der Welt durch die Besinnung auf Gott zu fördern. In diesem Zusammenhang unterstützt und begleitet die Stiftung überparteiliche und überkonfessionelle Frühstückstreffen mit Gebet und Gedankenaustausch. Entsprechende Gruppen gibt es beispielsweise im Deutschen Bundestag, in verschiedenen Landtagen, für Beamte und Angestellte des Öffentlichen Dienstes, für Führungspersönlichkeiten in Wirtschaft und Gesellschaft.
www.voelkerverstaendigung.org

Tage der Begegnung

Die „Tage der Begegnung" mit Gesprächen über Glaube und Werte sind aus dem Gebetsfrühstückskreis im Deutschen Bundestag hervorgegangen. Seit 1985 laden Abgeordnete aus dem überkonfessionellen und überparteilichen Gebetsfrühstückskreis des Deutschen Bundestages junge Menschen im Alter von 17–28 Jahren zu Begegnungen und Gesprächen ein.

Spitzenpolitiker, Journalisten, Wissenschaftler und Unternehmer denken gemeinsam mit den Teilnehmenden über Glauben und Werte und unsere Verantwortung vor Gott und den Menschen nach. Diese Begegnungen finden am Sitz des Deutschen Bundestages in Berlin statt. Seit 1994 übernimmt die/der amtierende Präsidentin/Präsident des Deutschen Bundestages die Schirmherrschaft für diese Begegnung ausgewählter junger Menschen.

www.tage-der-begegnung.eu

Bibliografie

ACTION AID 2010. Calling Time. Why SABMiller Should Stop Dodging Taxes in Africa, London, in: www.actionaid.org.uk/doc_lib/calling_time_ on_tax_avoidance.pdf; 9.8.2011.

ALAND K 1974. Pietismus und moderne Welt. Witten: Luther-Verlag.

BACH S / BEZNOSKA M / STEINER V 2011. A Wealth Tax on the Rich to Bring Down Public Debt? Revenue and Distributional Effects of a Capital Levy (SOEPpapers 397), Berlin, in: www.diw.de/documents/publikationen/73/diw_01.c.378111.de/diw_sp0397.pdf; 24.10.2012.

BAKER R 2005. Capitalism's Achilles Heel. Dirty Money and How to Renew the Free-Market System, Hoboken.

BARCLAY O 1990. „The Theology of Social Ethics: A Survey of Current Positions". Evangelical Quarterly 62:1.

BAUMGARTNER M 1993. Die Täufer und Zwingli: Eine Dokumentation. Zürich: Theologischer Verlag.

BEFG 2003. Leitbild Bund Evangelisch-Freikirchlicher Gemeinden in Deutschland. Wuppertal: Oncken.

BERKHOF L 1941. Systematic Theology. Grand Rapids: Eerdmans.

Hendrikus Berkhof, Introduction to the Study of Dogmatics, William B Eerdman Co (Oktober 1985).

BERNEBURG E 1997. Das Verhältnis von Verkündigung und sozialer Aktion in der evangelikalen Missionstheorie. Wuppertal: Brockhaus.

BEYERHAUS P 1970. Die Wheaton-Erklärung. Grundfragen der Mission. Bad Liebenzell: LMV.

BEYREUTHER E 1983. Geschichte der Diakonie und Inneren Mission in der Neuzeit. Berlin: Christlicher Zeitschriftenverlag.

BLOCH E 1959. Das Prinzip Hoffnung. Frankfurt.

1968. Atheismus im Christentum. Frankfurt.

BOCKMÜHL K 1975. Evangelikale Sozialethik. Der Artikel 5 der Lausanner Verpflichtung. Gießen: Brunnen.

1999. Denken im Horizont der Wirklichkeit Gottes. Schriften zur Dogmatik und Theologiegeschichte. Gießen: Brunnen.

2000. Was heißt heute Mission? Entscheidungsfragen der neueren Missionstheologie. Gießen: Brunnen.

2001. Verantwortung des Glaubens im Wandel der Zeit. Protestantische Theologie im 19. und 20. Jahrhundert. Gießen: Brunnen.

BÖHM H / POHLMANN U 1991. Im Staat leben. Christsein in Politik und Gesellschaft. Moers: Brendow.

BORNKAMM G 1959. Studien zu Antike und Urchristentum. Bd.2. München: Chr. Kaiser Verlag.

BOSCH D J 1980. Witness to the World. London.

1987. Evangelism: Theological Currents and Cross-Currents Today. IBMR 11:3.

2012. Mission im Wandel: Paradigmenwechsel in der Missionstheologie. Gießen: Brunnen.

BRÄUER S / JUNGHANS H 1989. Der Theologe Thomas Müntzer. Berlin: Evangelische Verlagsanstalt.

BRAGG W G. 1984. „From Development to Transformation". In: The Church in Response to Human Need.

BUBENHEIMER U 1983. „Thomas Müntzer" in: Scholder/ Kleinmann (Hg). Protestantische Profile. Lebensbilder aus fünf Jahrhunderten. Königstein: Athenäum.

BURKHARDT H 1987. Das Große Bibellexikon. Bd.5. Wuppertal: R. Brockhaus Verlag.

1996. Einführung in die Ethik. Grund und Norm sittlichen Handelns. Gießen: Brunnen.

CHRISTIAN AID 2008. Death and Taxes: The True Toll of Tax Dodging, London, in: http://www.christianaid.org.uk/images/deathandtaxes.pdf; 27.3.2009.

CHRISTIAN AID 2009. The Gospel and the Rich: Theological Views of Tax (Christian Aid Report), London, in: www.christianaid.org.uk/images/the-gospel-and-the-rich.pdf; 14.12.2012.

COBHAM A 2005. Taxation Policy and Development (OCGG Economy Analysis), Oxford, in: www.taxjustice.net/cms/upload/pdf/OCGG_-_Alex_Cobham_-_Taxation_Policy_and_Development.pdf; 16.5.2012.

COSTAS O 1983. „Christus in der Zwei-Drittel-Welt verkündigen" in: V. Samuel, Chr. Sugden (Hg). Der ganze Christus für eine geteilte Welt. Erlangen.

EBERHARDT W 1973. Reformation und Gegenreformation. Gemeinschaft der STA.

EURODAD (European Network on Debt and Development) 2011. Responsible Finance Charter, Bruxelles, in: eurodad.org/wp-content/uploads/2012/01/Charter-EN-final1.pdf; 14.12.2012.

ESCOBAR S 1974. In: LAUSANNE-DOKUMENTE 1974. Alle Welt soll sein Wort hören. 2 Bände. Neuhausen-Stuttgart: Hänssler.

FAIX T / REIMER J / BRECHT V (Hg.) 2009. Die Welt verändern. Grundfragen einer Theologie der Transformation. Marburg: Francke.

FAO 2012. Food and Agricultural Organisation 2012: The State of Food Insecurity in the World. Economic growth is necessary but not sufficient to accelerate reduction of hunger and malnutrition, Rome, in: www.fao.org/docrep/016/i3027e/i3027e.pdf; 22.10.2012.

FATF 2010: Financial Action Task Force 2010: Germany: Mutual Evaluation Report - Anti-Money Laundering and Combating the Financing of Terrorism, Paris, in: www.fatf-gafi.org/media/fatf/documents/reports/mer/MER%20Germany%20full.pdf; 17.12.2012.

FELD H (Hg) 1973. Dogma und Politik. Zur politischen Hermeneutik theologischer Aussagen. Mainz: Matthias-Grünewald-Verlag.

FENEBERG W 2004. Mystik und Politik Jesu. Stuttgart: Verlag Katholisches Bibelwerk.

FERGUSON C 2010: Inside Job (USA), in: http://www.sonyclassics.com/insidejob/; 18.12.2012.

GAGGERO J / CASPARRINO C / LIBMAN E 2007. La fuga de capitales. Historia, presente y perspectivas. (Documento de Trabajo), Buenos Aires, in: http://www.cefid-ar.org.ar/documentos/DTN14LafugadeCapitales.pdf; 4.12.2007.

GENSCHEL P 2000. Der Wohlfahrtsstaat im Steuerwettbewerb (Max-Planck-Institut für Gesellschaftsforschung, MPIfG Working Paper 00/5), in: http://www.mpifg.de/pu/workpap/wp00-5/wp00-5.html; 10.6.06.

GERSTER J H 1975. „The Theological Boundaries of Evangelical Faith". In: The Evanglicals. Wells D F / Woodbrigde J (Hg). Nashville.

GETZ G A 1991. „Nehemia" in: Walvoord J F / Zuck R B (Hg). Das Alte Testament erklärt und ausgelegt. Neuhausen-Stuttgart: Hänssler.

GIROK H J (Hg) 1970. Maßstäbe für die Zukunft. Neue Aspekte christlicher Ethik in einer veränderten Welt. Hamburg: Furche.

GRESCHAT M 1997. Christentumsgeschichte 2. Von der Reformation bis zur Gegenwart. Stuttgart: Kohlhammer.

GREEN M 1977. Evangelisation zur Zeit der ersten Christen. Neuhausen-Stuttgart: Hänssler 1977.

HAAS M 1978. „Michael Sattler. Auf dem Weg in die täuferische Absonderung" in: Hans-Jürgen Goertz (Hg). Radikale Reformatoren. München: C. H. Beck.

HANNAH J D 1991. „Jona" in: Walvoord J F / Zuck R B (Hg). Das Alte Testament erklärt und ausgelegt. Neuhausen-Stuttgart: Hänssler.

Harari M/Meinzer M/Murphy R 2012. Key Data Report. Financial Secrecy, Banks and the Big 4 Firms of Accountants, in: www.taxjustice.net/cms/upload/pdf/FSI2012_BanksBig4.pdf; 18.12.2012; http://www.manager-magazin.de/unternehmen/artikel/a-401266.html; 13.10.2016.

HAUGEN G 1999: Good News about Injustice. A Witness of Courage in a Hurting World, Chicago, IL.

HERBST M 2006. Mission bringt Gemeinde in Form. Neukirchen: Aussaat (dt. Ausgabe von: Mission shaped Church: Church Planting and Fresh Expressions of Church in a Changing Context. London: Church House Publishing, 2004).

HELFENSTEIN P F 1991. Evangelikale Theologie der Befreiung. Das Reich Gottes in der Theologie der „Fraternidad Teologica Latinoamericana" und der gängigen Befreiungstheologie. Ein Vergleich. Zürich: Theologischer Verlag.

HELVEA 2009: Swiss Banking Secrecy and Taxation. Paradise Lost?, Geneva.

HENRY C F 1977. „Der Plan Gottes". In René Padilla (Hg): Zukunftsperspektiven. Evangelikale nehmen Stellung. Wuppertal.

HENRY J S 2012: The Price of Offshore Revisited. New Estimates for Missing Global Private Wealth, Income, Inequality and Lost Taxes (Tax Justice Network), London, in: www.taxjustice.net/cms/upload/pdf/Price_of_Offshore_Revisited_26072012.pdf; 11.12.2012.

HILLERBRAND H J 1962. Die politische Ethik des oberdeutschen Täufertums: Eine Untersuchung zur Religions- und Geistesgeschichte des Reformationszeitalters. Leiden/Köln: E.J. Brill.

HOEKENDIJK J C 1967. Kirche und Volk in der deutschen Missionswissenschaft. München: Chr. Kaiser Verlag.

International Monetary Fund 2015. Base Erosion, Profit Shifting and Developing Countries (IMF Working Paper 15/118, by Ernesto Crivelli, Ruud De Mooij and Michael Keen), Washington, DC, in: https://www.imf.org/external/pubs/ft/wp/2015/wp15118.pdf; 14.6.2016.

ISERLOH E 1967. „Der Kampf um das Verständnis der Freiheit des Christenmenschen". Handbuch der Kirchengeschichte. Hubert Jedin (Hg). Bd. 4: Reformation, Katholische Reform und Gegenreform. Freiburg: Herder.

JEREMIAS J 1971. Neutestamentliche Theologie. 1. Teil. Gütersloh: Bertelsmann.

JOHNSTON R K 1999. „Evangelikale Theologie" in: Religion in Geschichte und Gegenwart. Hans Dieter Betz / Eberhard Jüngel (Hg.). 4.Aufl. Tübingen: Mohr Siebeck.

KAR D / CARTWRIGHT-SMITH D 2008. Illicit Financial Flows from Developing Countries: 2002-2006 (Global Financial Integrity), Washington DC, in: http://www.gfintegrity.org/storage/gfip/economist%20-%20 final%20version%201-2-09.pdf; 16.5.2012.

KAR D / CARTWRIGHT-SMITH D 2010. The Absorption of Illicit Financial Flows from Developing Countries: 2002-2006 (Global Financial Integrity), Washington DC, in: http://www.gfip.org/storage/gfip/documents/reports/absorption_of_illicit_flows_web.pdf; 18.6.2010.

KLEIN M 1994. Leben, Werk und Nachwirkung des Genossenschaftsgründers Friedrich Wilhelm Raiffeisen (1818-1888): Dargestellt im Zusammenhang mit dem deutschen sozialen Protestantismus; Eine diakoniewissenschaftliche Untersuchung. Diss. Universität Heidelberg.

KOCH G 1993. Adolf Stoecker: 1835–1909. Ein Leben zwischen Politik und Kirche. Erlangen: Palm und Enke.

KÜNNETH W 1984. Der Christ als Staatsbürger. Eine ethische Orientierung. Wuppertal: R.Brockhaus.

LAUSANNE-DOKUMENTE 1974. Alle Welt soll sein Wort hören. 2 Bände. Neuhausen-Stuttgart: Hänssler.

LEAN G 1969. John Wesley. Revolution der Herzen. Gießen: Brunnen.

1974. Wilberforce. Lehrstück christlicher Sozialreform. Gießen: Brunnen.

LEHMANN J 1966. „Freikirchen" in: Evangelisches Staatslexikon. Hermann Kunst/Siegfried Grundmann (Hg). Berlin: Kreuz Verlag.

LOCHER G W 1983. „Johannes Calvin" in: Scholder/ Kleinmann (Hg). Protestantische Profile. Lebensbilder aus fünf Jahrhunderten. Königstein: Athenäum.

LÖWITH K 1953. Weltgeschichte und Heilsgeschehen. Stuttgart.

LUTHER M 1525. „Wider die räuberischen und mörderischen Rotten der Bauern." D. Martin Luthers Werke, kritische Gesamtausgabe. 1964. Graz: Akademische Druck- und Verlagsanstalt.

MARSDEN G M 1991. Understanding Fundamentalism and Evangelicalism. Grand Rapids: Eerdmans.

MARTIN J A 1991. „Ester" in: Walvoord J F / Zuck R B (Hg). Das Alte Testament erklärt und ausgelegt. Neuhausen-Stuttgart: Hänssler.

MAYEUR J M (Hg) 2002. Die Geschichte des Christentums. Religion, Politik, Kultur. Bd. 13. Freiburg: Herder.

MCKINSEY 2008: Mapping Global Capital Markets: Fifth Annual Report, in: www.mckinsey.com/~/media/McKinsey/dotcom/Insights%20and%20 pubs/MGI/Research/Financial%20Markets/Mapping%20global%20capital%20markets%20-%20Fifth%20annual%20report/MGI_Mapping_capital_markets_fifth_annual_report.ashx; 22.10.2012.

McNabb K/LeMay-Boucher P 2014: Tax Structures, Economic Growth and Development (ICTD Working Paper 22), Brighton, in: www.ictd.ac/sites/default/files/ICTD%20WP22.pdf; 19.1.2015.

MEIER K 1976. Der evangelische Kirchenkampf. 3 Bd. Göttingen.

MEINZER M / HEARSON M / PICCIOTTO S / SHAXSON N / SPENCER D 2009. Tax Information Exchange Arrangements (Tax Justice Briefing), London, in: http://www.taxjustice.net/cms/upload/pdf/Tax_Information_Exchange_Arrangements.pdf; 23.10.2009.

MEINZER M 2012. Bank Account Registries in Selected Countries. Lessons for Registries of Trusts and Foundations and for Improving Automatic Tax Information Exchange (Tax Justice Network), London, in: www.taxjustice. net/cms/upload/pdf/BAR2012-TJN-Report.pdf; 17.12.2012.

2012. The Creeping Futility of the Global Forum's Peer Reviews (Tax Justice Briefing), London, in: www.taxjustice.net/cms/upload/GlobalForum2012-TJN-Briefing.pdf; 16.7.2012.

2012. Towards Multilateral Automatic Information Exchange. Current Practice of AIE in Selected Countries (Tax Justice Network), London, in: http://www.taxjustice.net/cms/upload/pdf/AIE2012-TJN-Briefing.pdf; 14.2.2013.

2016. Steueroase Deutschland: Warum bei uns viele Reiche keine Steuern zahlen. München: C.H. Beck.

MILNE B 1981. Das Ende der Welt. Eine biblische Orientierung. Marburg: Francke.

MOORE M 2012. The Practical Political Economy of Illicit Flows, in: Reuter, Peter (Ed.): Draining Development? Controlling Flows of Illicit Funds from Developing Countries, Washington, DC, 457-482.

MORITZEN N P 1975. „Evangelikal – Was ist das?" in: NEILL S (Hg). Lexikon zur Weltmission. Wuppertal: Brockhaus.

MOYNAGH, M 2006. Fresh X. Das Praxisbuch. Gießen: Brunnen.

MOYNAGH, M 2006. Fresh Expressions of Church: Eine Einführung in Theorie und Praxis. Gießen: Brunnen.

MÜLLER L 1927. Der Kommunismus der mährischen Wiedertäufer. Leipzig: Eger & Sievers.

NEIGHBOUR J 2002. Transfer pricing: Keeping it at arm's length (OECD Observer 230, January 2002), Paris, in: http://www.oecdobserver.org/news/archivestory.php/aid/670/Transfer_pricing:_Keeping_it_at_arms_length.html; 14.12.2012.

NEILL STEPHEN 1975. „Säkularismus" in: Stephen Neill (Hg). Lexikon zur Weltmission. Wuppertal: Brockhaus.

NICHOLLS B J 1985. In Word and Deed. Evangelism and Social Responsibility. Exeter: Paternoster.

VOM ORDE K 1992. Carl Mez. Gießen/Basel: Brunnen.

VON PADBERG L 1982. Weltverbesserung oder Weltverantwortung. Kassel: Born.

PADILLA R 1985. „Evangelism and Social Responsibility from Wheaton '66 to Wheaton '83. Transformation 2:3.

1986. „Neutestamentliche Perspektiven für einen einfachen Lebensstil". In: Anstiftung. Moers: Brendow.

1986. „Wahrheiten und Irrtümer der Befreiungstheologie". In: Anstiftung. Moers: Brendow.

PICCIOTTO S 2012. Towards Unitary Taxation of Transnational Corporations, London, in: www.taxjustice.net/cms/upload/pdf/Towards_Unitary_Taxation_1-1.pdf; 14.12.2012.

Prichard W/Cobham A/Goodall A 2014. The ICTD Government Revenue Dataset (ICTD Working Paper 19), Brighton, in: www.ictd.ac/sites/default/files/ICTD%20WP19.pdf; 19.1.2015.

RAJAN R G 2005. Has Financial Development Made the World Riskier? (NBER Working Paper 11728), in: www.nber.org/papers/w11728.pdf?new_window=1; 18.12.2012.

REIMER J 2009. Die Welt umarmen. Theologie des gesellschaftsrelevanten Gemeindebaus. Marburg: Francke.

ROSS A P 1991. „1.Mose" in: Walvoord J F / Zuck R B (Hg). Das Alte Testament erklärt und ausgelegt. Neuhausen-Stuttgart: Hänssler.

RUNIA K / STOTT J 1977. Das Himmelreich hat schon begonnen: Reich Gottes in unserer Zeit. Wuppertal: Aussaat.

RYRIE C C 1964. „Update in Dispensationalism", Issues in Dispensationalism. Wesley R. Willis und John R. Master (Hg). Chicago: Moody.

1969. Dispensationalism Today. 5. Aufl. Chicago: Moody.

1996. Die Bibel verstehen. Dillenburg: Christliche Verlagsgesellschaft.

SALAT J 1986. Reformationschronik 1517-1534. bearb. von Ruth Jörg. Quellen zur Schweizer Geschichte. Abt. 1: Chroniken, Bd. 8/1 Bern: Selbstverlag der Allgemeinen Geschichtsforschenden Gesellschaft der Schweiz/Stadt- und Universitätsbibliothek.

SAMUEL V / SUGDEN C (Hg) 1987. The Church in Response to Human Need. Oxford: Regnum Books.

SCHMIDT M 1972. Pietismus. Stuttgart.

SHAXSON N 2011. Schatzinseln. Wie Steueroasen die Demokratie untergraben. Zürich: Rotpunktverlag.

SHAXSON N 2011. Treasure Islands. Tax Havens and the Men Who Stole the World, London.

SHAXSON N / CHRISTENSEN J / MATHIASON N 2012. Inequality: You Don't Know the Half of It, London, in: www.taxjustice.net/cms/upload/pdf/Inequality_120722_You_dont_know_the_half_of_it.pdf; 24.10.2012.

STATISTISCHES BUNDESAMT 2012: Sektorale und Gesamtwirtschaftliche Vermögensbilanzen, Wiesbaden, in: https://www.destatis.de/DE/Publikationen/Thematisch/VolkswirtschaftlicheGesamtrechnungen/Vermoegensrechnung/VermoegensbilanzenPDF_5816103.pdf?__blob=publicationFile; 25.10.2012.

SIDER R J 1981. Evangelicals and Development. Towards a Theology of Social Change. Exeter: Paternoster Press.

SOMMER W / KLAHR D 1994. Kirchengeschichtliches Repetitorium. Göttingen: Vandenhoeck & Ruprecht.

STAEDTKE J 1969. Johannes Calvin. Göttingen, Zürich und Frankfurt: Musterschmidt.

STEURNAGEL V R 1991. „Social Concern and Evangelization: The Journey of the Lausanne Movement". International Bulletin of Missionary Research 15.

STOTT J R W 1974. Die biblische Grundlage der Evangelisation. In: Alle Welt soll dein Wort hören. Band 1. Neuhausen-Stuttgart: Hänssler.

1987. Christsein in den Brennpunkten unserer Zeit. 4 Bände. Marburg: Francke.

TIBUSEK J 1994. Ein Glaube, viele Kirchen. Gießen: Brunnen.

TIDBALL D J 1999. Reizwort Evangelikal: Entwicklung einer Frömmigkeitsbewegung. Dt. Ausg. Dieter Sackmann (Hg). Stuttgart: Anker.

THIESSEN H C 1959. Introductory Lectures in Systematic Theology. Grand Rapids: Eerdmans.

THOMAS A 2006: Interkulturelle Handlungskompetenz – Schlüsselkompetenz für die moderne Arbeitswelt, in: Zeitschrift für Arbeitsforschung und Arbeitspolitik Bd. 15.

TROOST A / LIEBERT N 2009. Das Billionengrab. Von Steueroasen und Schattenbanken, in: *Blätter für deutsche und internationale Politik* 3, 75-84.

UNITED NATIONS CONFERENCE ON TRADE AND DEVELOPMENT 2015: FDI, Tax and Development. The fiscal role of multinational enterprises: towards guidelines for Coherent International Tax and Investment Policies, Geneva, in: investmentpolicyhub.unctad.org/Upload/Documents/FDI%2C%20Tax%20and%20Development.pdf; 30.3.2015.

VOLF, M 2005. Umsonst. Geben und Vergeben in einer gnadenlosen Kultur. Gießen: Brunnen.

VICEDOM G F 1975. Actio Dei. München: Kaiser.

VISSER'T HOOFT W A 1928. The Background of the Social Gospel in America. Haarlem.

WAFFENSCHMIDT H 1995. Betet für Bonn, betet für Deutschland. Holzgerlingen: Hänssler.

WEBER H 1970. Theologie – Gesellschaft – Wirtschaft: Die Sozial- und Wirtschaftsethik in der evangelischen Theologie der Gegenwart. Göttingen: Vandenhoeck und Ruprecht.

WESTFÄLISCHES SONNTAGSBLATT FÜR STADT UND LAND. 16. Juni 1916.

WHITE R C/HOPKINS H 1976. The Social Gospel. Religion and Reform in Changing America. Philadelphia.

WILKINSON R / PICKETT K 2010. The Spirit Level. Why Equality is Better for Everyone., London.

WINTERHOFF B/HERBST M/HARDER U (Hg.) 2012. Von Lausanne nach Kapstadt. Neukirchen-Vluyn: Neukirchener Verlagsgesellschaft.

WTO (World Trade Organization) 2012. International Trade Statistics, Geneva, in: www.wto.org/english/res_e/statis_e/its2012_e/its2012_e.pdf; 14.12.2012.

WWF (World Wide Fund For Nature) 2012. Living Planet Report 2012.

Biodiversity, Biocapacity and Better Choices, in: http://www.wwf.de/
fileadmin/fm-wwf/Publikationen-PDF/Living_Planet_Report_2012.pdf;
18.12.2012.

WÜST J 1990. Politik in Deutschland. Asslar: Schulte und Gerth.

YODER J H 1981. Die Politik Jesu – der Weg des Kreuzes. Maxdorf: Agape.

1994. The politics of Jesus: vicit agnus noster. Grand Rapids, Michigan:
Eerdmans.

ZAHRNT H 1966. Die Sache mit Gott. Die protestantische Theologie im
20. Jahrhundert. München: R. Piper.

ZSCHÄBITZ G 1958. Zur Mitteldeutschen Wiedertäuferbewegung nach
dem großen Bauernkrieg. Berlin: Rütten & Loening.

Anmerkungen

Einleitung: Der Glaube und die Politik

[1] Bockmühl 1975:48ff.

[2] Bockmühl 2001:281.

[3] Vgl. Neill, 1975:474.

[4] Weber 1970:34.

[5] Padberg 1982:49.

[6] Johnston 1999:1701.

[7] Kennzeichnend für den Fundamentalismus ist, dass in theologischen Fragestellungen selten mehrere Möglichkeiten als legitime Sichtweisen akzeptiert werden, sondern in der Regel nur eine einzige. Auch Fragen der „Weltlichkeit" wurden zu entscheidenden Themen fundamentalistischer Kreise. Der Gebrauch von Kosmetika, Theaterbesuch, Tanz, der Genuss von Alkohol und Tabak, Haartracht und das Verbot modischer Kleidung standen oft auf einer Ebene mit dogmatischen Aussagen etwa zum stellvertretenden Opfer Jesu und seiner leiblichen Auferstehung. Zu den Fragen, die oft entscheidend für eine Zusammenarbeit waren, gehörten vor allem auch die Annahmen über die endzeitlichen Ereignisse. Nicht mehr der Glaube an die Wiederkunft Christi galt als fundamentaler Glaubenssatz, sondern ein detaillierter Ablauf der endzeitlichen Ereignisse in einer genauen Reihenfolge musste oft akzeptiert werden. Nicht in jedem Fall, aber häufig wurde die Endzeitdeutung des Dispensationalismus als die allein richtige Auffassung angesehen (vgl. Tibusek 1994:497).

[8] Moritzen 1975:139.

[9] Tidball 1999:127.

[10] Dieses Buch ist als populärwissenschaftlicher Überblick angelegt, der sowohl den biblischen Hintergrund, historische Entwicklungen, theologische Paradigmen als auch aktuelle Herausforderungen in einen Zusammenhang bringt. Folglich kann im Rahmen dessen keine umfangreiche Auseinandersetzung mit sämtlich veröffentlichter Literatur stattfinden.

Kapitel 1: Politik in der Bibel

[11] Vgl. Ross 1991:96.

[12] Vgl. Hannah 1991:558.

[13] Vgl. Getz 1991:247.

[14] Martin 1991:280.

[15] Vgl. Bockmühl 1975:26.

[16] Vgl. Bockmühl 1975:46.

[17] Padilla 1986:169.

[18] David Bosch beschreibt den Zusammenhang von innerer und äußerer Heilung und Rettung folgendermaßen: „Das Böse wurde in der antiken Welt als etwas sehr Reales und Greifbares erfahren. Von daher sollte es uns nicht überraschen, wenn die Evangelisten ‚religiöse‘ Begriffe nutzen, um zu beschreiben, was Jesus angesichts von Krankheit, dämonischer Besessenheit und Ausbeutung tat. Eines dieser Worte ist ‚retten‘ (grie. *sozein*). Es ist für uns zu einem ausschließlich religiösen Begriff geworden. Aber in nicht weniger als achtzehn Fällen benutzen die Evangelisten dieses Wort mit Blick auf die Heilung von Kranken durch Jesus. Demnach gibt es im Dienst Jesu keine Spannung zwischen der Rettung aus Sünde und der Rettung aus körperlichen Leiden, zwischen dem Geistlichen und dem Sozialen. Dasselbe gilt für den Begriff ‚Vergebung‘ (grie. *aphesis*), er schließt eine Reihe unterschiedlichster Bedeutungen ein: von der Freilassung gefesselter Sklaven, über die Annullierung finanzieller Schulden und die eschatologische Befreiung, bis hin zur Vergebung der Sünden. Alle Bedeutungsnuancen dieser Begriffe verleihen der umfassenden Natur des Reiches Gottes Ausdruck, sie zielen auf die Auflösung aller Formen der Entfremdung und das Niederreißen der Mauern aus Feindschaft und Ablehnung." (Bosch 2012:38f)

[19] Vgl. Stuhlmacher 1992:156.

[20] Vgl. auch Mt 5,43-48; 26,52; Lk 3,14; Röm 12,17-21; 1 Kor 6,1-8.

[21] Yoder 1981:15.

[22] Die klassische amerikanische Formulierung der Abhängigkeit der Ethik Jesu von seiner Erwartung des baldigen Endes der Geschichte ist Reinhold Niebuhrs *Interpretation of Christian Ethics* (New York: Harper, 1935).

[23] David Bosch fügt zu dieser Passage erläuternd an: „Die Formulierung, ‚Gib frei, die du bedrückst‘, besitzt in Jesaja 58 ein eindeutig soziales Profil. Sie findet sich im Kontext einer prophetischen Kritik an sozialen Missständen in Juda an der Ausbeutung der Armen durch die Reichen … Der Kontext von Jes 58 wird auch in Nehemia 5 reflektiert, wo uns von armen Juden berichtet wird, die, um die Steuern zu bezahlen, die der persische König erhob, ihre Weinberge und Häuser verpfändeten, ja sogar ihre Kinder als Sklaven an reiche Mitjuden verkaufen mussten, die wiederum die Möglichkeit nutzten, um aus der Zwangslage der Armen Kapital zu schlagen." Diese „unterdrückten", „zerschlagenen" oder „gebrochenen Opfer" in Jesaja 58 sind daher als die zu verstehen, die ökonomisch ruiniert waren, als die, die leibeigene Sklaven geworden waren und keinerlei Hoffnung mehr besaßen, sich jemals wieder aus dem Würgegriff der Armut befreien zu können (Bosch 2012:116).

[24] Yoder 1994:50.
[25] Yoder 1981:57.
[26] Vgl. Feneberg 2004:113.
[27] Bosch 2012: 39.
[28] Feld 1973:7.
[29] Vgl. Bockmühl 1975:40.
[30] Jeremias 1971:221.
[31] Bockmühl 1975:46.
[32] Bockmühl 1975:47.
[33] Vgl. Wüst 1990:17.
[34] Stuhlmacher 1992:387.
[35] Vgl. dazu Hoekendijk 1967:245.

Kapitel 2: Das Erbe der Reformation

[36] Vgl. Sommer 1994:202.
[37] Greschat 1983:162.
[38] Berneburg 1997:261.
[39] Vgl. Zahrnt 1966:234.
[40] Vgl. Künneth 1984:32.
[41] Vgl. Zahrnt 1966:283.
[42] Künneth 1984:39.
[43] Künneth 1984:46.
[44] Calvin in Staedtke 1969:100.
[45] Eberhardt 1973:206.
[46] Iserloh 1967:75.
[47] Vgl. Beyreuther 1983:218.
[48] Locher 1983:91.
[49] Vgl. Bubenheimer 1983:41.
[50] Baumgartner 1993:141.
[51] Bräuer 1989:198.
[52] Bockmühl 2000:97f.
[53] Müller 1927:8.
[54] Müller 1927:53.
[55] Dokumente der Hutterer in Müller 1927:138.
[56] Müller 1927:58.
[57] Lehmann 1966:566.
[58] BEFG 2003:5.
[59] Andresen 1998:631.

Kapitel 3: Politisches und gesellschaftliches Engagement in der Geschichte der evangelikalen Bewegung

[60] Vgl. Bockmühl 1999:328.

[61] Schmidt 1972:54.

[62] Aland 1974:99ff.

[63] Vgl. Klein 1994:74.

[64] Vgl. vom Orde 1992:81.

[65] Vgl. Schmidt 1972:144.

[66] Beyreuther 1983:105.

[67] Greschat 1997:191.

[68] Beyreuther 1983:150.

[69] Stoecker in Greschat 1999:211.

[70] Beyreuther 1983:162.

[71] Koch 1993:81.

[72] Vgl. Girok 1970:141.

[73] Greschat 1997:300.

[74] Vgl. Lean 1969:17.

[75] Stott 1987:11.

[76] Vgl. Lean 1974:124.

Kapitel 4: Theologische Barrieren

[77] Westfälisches Sonntagsblatt für Stadt und Land, 16.Juni 1916.

[78] Vgl. Nicholls 1985:159.

[79] Bockmühl 1999:330.

[80] Runia 1977:63.

[81] Vgl. Costas 1983:107.

[82] Ronald C.White und C.Howard Hopkins beschreiben die Einflüsse der Social-Gospel-Theologie auf die ökumenische Theoriebildung in Fragen der sozialen Gerechtigkeit. Sie sehen Zusammenhänge auch zur Theologie der Hoffnung von Jürgen Moltmann und zur politischen Theologie von Johann Baptist Metz und erwähnen ausdrücklich die radikalen, sozial engagierten evangelikalen Gruppen: „One of the most surprising developments has been the emergence among theologically conservative ‚evangelicals' of a radical social movement that has considerable strength among a new generation of evangelicals, and in comparison with some of its manifestations, especially a new journal named Post American, the liberal social gospel seems tame" (White 1976:81).

[83] Ab 1885 war Rauschenbusch Pfarrer in dem Armutsviertel „hell's kitchen" in New York und ab 1897 Professor für Neues Testament und für Kirchengeschichte am baptistischen Seminar in Rochester, N.Y. Eine Studienreise nach

Europa (1891) brachte ihn in Kontakt mit den neuen sozialen Ideen und unter den Einfluss des monistischen Idealismus Albrecht Ritschls, Julius Wellhausens, Adolf von Harnacks und Friedrich Daniel Ernst Schleiermachers.

84 Runia 1977:87.
85 Visser't Hooft 1928:16.
86 Berkhof 1985:255.
87 Vgl. Berneburg 1997:40.
88 Vgl. Runia 1977:136.
89 Vgl. Berneburg 1997:277.
90 Vgl. Padilla 1986:184.
91 Nicholls 1985:151.
92 Samuel 1987:131.
93 Vicedom 1975:10.
94 Vgl. Berneburg 1997:320.
95 Vgl. Vicedom 1975:105.
96 Vgl. Burkhard 1996:164.
97 Barclay 1990:66.
98 Vgl. Stott 1974:75ff.
99 Munthe 1991:133.
100 Vgl. Sider 1981:122.
101 Padilla 1986:112.
102 Bragg 1984:11.
103 „A dispensation is a distinguishable economy in the outworking of God's purpose" (Ryrie 1964:29).
104 Vgl. Ryrie 1995:43.
105 Milne 1981:89.
106 Stott 1974:54.
107 Vgl. Burkhardt 1996:164.
108 Vgl. Ryrie 1996:546.
109 Thiessen 1959:344.
110 Berkhof 1941:114.

Kapitel 5: Gesellschaftspolitisches Engagement neu entdeckt –
die Gegenbewegung bei den Evangelikalen
111 Vgl. Stott 1987:34.
112 Lausanne-Dokumente 1974.
113 Vgl. Gerster 1975:21.
114 Stott 1987:66.
115 Henry 1977:26.
116 Henry 1977:45.

[117] Kasdorf 1998:26.
[118] Bockmühl 2000:223.
[119] Costas 1983:16.
[120] Steurnagel 1991:53.
[121] Beyerhaus 1970:22.
[122] Vgl. Berneburg 1997:186.
[123] Marsden 1991:124.
[124] Die Kapstadt-Verpflichtung. Ein Bekenntnis des Glaubens und ein Aufruf zum Handeln. Lausanne Movement 2010.
[125] Vgl. hierzu z. B. Herbst 2015, Moynagh 2016a, Moynagh 2016b.

Kapitel 6: Den Auftrag wahrnehmen
[126] Anlässlich der Tagung „Freikirchen und Politik – Eine Standortbestimmung" vom 09.–11.Okt. 2003 in Mühlenrahmede.
[127] Bellah 1998:63.
[128] Vgl. Bockmühl 1975:5.
[129] Lausanne-Dokumente 1974:1026.
[130] In: Stott 1974:1005.
[131] Padilla 1986:170.
[132] Vgl. Escobar 1976:226ff.
[133] Bockmühl 2000:189.
[134] Vgl. Stott 1987:159.
[135] Bosch 1980:227.
[136] Padilla 1986:152.
[137] Vgl. Helfenstein 1991:231.
[138] Vgl. Nicholls 1985:183.
[139] Stott 1987:75.
[140] Vgl. Künneth 1984:186.
[141] Vgl. Löwith 1953:48.
[142] Bloch 1959:346.
[143] Bragg 1986:22; Übers. d. Autors.
[144] Stott 1987:89.

Kapitel 7. Aktuelle Herausforderungen aus christlicher Sicht – 4 Beispiele

Schulden – Das biblische Jubeljahr und die Staatsschuldenkrise des 21. Jahrhunderts (Jürgen Kaiser)

[145] In der Diskussion um aktuelle Staatsschuldenkrisen ist die Frage nach der ethischen und völkerrechtlichen Legitimität von Gläubigeransprüchen sehr wichtig. Diese Frage wird in den erwähnten alttestamentlichen Texten aber nicht thematisiert und deshalb auch hier nicht weiter verfolgt.

[146] Der nichtchristliche Autor David Graeber sieht das interessanterweise positiver als der Mainstream der historisch-kritischen Theologie. Er verweist auf vergleichbare Erlass-Regeln in den umliegenden Hochkulturen und geht davon aus, dass daher auch die israelitischen Bestimmungen nicht nur theoretisch, sondern auch praktisch inspiriert wurden. Siehe: Graeber, D.: Schulden – die ersten 5000 Jahre. Stuttgart 2012.

[147] Hierbei wurden von kolonialen Seemächten militärische Mittel zur Wahrung ihres Machteinflusses und auch zur Durchsetzung ihrer wirtschaftlichen Interessen bzw. finanziellen Forderungen eingesetzt.

[148] Eine Übersicht gibt es auf http://www.erlassjahr.de/staateninsolvenzverfahren/einfuehrung.html.

[149] Siehe z. B. die Beschlüsse der Landessynoden 2010 der Ev. Kirche von Westfalen und 2012 der Evangelisch-Lutherischen Kirche in Bayern.

[150] Die Heavily Indebted Poor Countries Initiative (seit 1996) und die Multilateral Debt Relief Initiative (MDRI seit 2005) haben etwa 120 Mrd. US-\$ Auslandsschulden der ärmsten Länder aus der Welt geschafft.

Steuergerechtigkeit – Korruption ans Licht bringen (Markus Meinzer)

[151] http://www.zeit.de/wirtschaft/unternehmen/2015-09/iphone-apple-steuern-europa; 14.10.2016.

[152] http://www.zeit.de/wirtschaft/2015-09/apple-steuern-deutschland-steueroase; 12.10.2016.

[153] http://www.zeit.de/wirtschaft/unternehmen/2016-09/apple-steuern-eu-kommission-transparenz; 12.10.2016.

[154] http://steuergerechtigkeit.blogspot.de/2016/09/apple-wie-der-bayerische-finanzminister.html; 12.10.2016.

[155] Vgl. Cobham 2005:4-5.

[156] Streng genommen Steuern und Gebühren: Letztere sind per Definition immer zweckgebunden, während Steuern dem allgemeinen Staatshaushalt zufließen.

[157] http://www.huffingtonpost.com/shane-claiborne/my-letter-to-the-irs_b_847428.html; 13.3.2015.

[158] Volf 2005:17ff.

[159] Siehe etwa den einflussreichen, libertären US-Thinktank Center for Freedom and Prosperity (http://freedomandprosperity.org/; 30.10.2012), oder die Tea-party-Bewegung bei den US-Republikanern (https://www.teapartypatriots.org/; 30.10.2012). Zum Hintergrund von CFP siehe Shaxson 2011:194, 205.

[160] In diesem Zusammenhang darf man fragen, ob die Sorge vor angeblichen Fehlanreizen durch soziale Sicherung und die breite Berichterstattung über

Einzelfälle des Missbrauchs sozialer Sicherungssysteme nicht eher Ausdruck von Neid sind als einer gerechten Entrüstung.

161 Vgl. Meinzer 2015:9.
162 Und uns Christen sicherlich vor schwierige Entscheidungen stellen kann – siehe etwa die erwähnte Geschichte Shane Claibornes, Endnote 7.
163 Man kann argumentieren, dass noch weitere Aufteilungen sinnvoll sind. Zum Beispiel wäre in Entwicklungsländern mit Rohstoffvorkommen sicherlich die gesonderte Auflistung der Einnahmen aus Fördergebühren und -lizenzen wesentlich.
164 Siehe Genschel 2000.
165 Verdi, per E-Mail vom 31.3.2015. Anhand von Daten der Volkswirtschaftlichen Gesamtrechnung, des Statistischen Bundesamtes sowie Berechnungen von Verdi.
166 http://steuergerechtigkeit.blogspot.de/2012/12/google-starbucks-co-milliardengewinne.html; 20.12.2012.
167 Siehe Meinzer 2015:33.
168 http://www.faz.net/aktuell/wirtschaft/unternehmen/unter-druck-des-haushaltsausschusses-briten-greifen-sich-steuerflucht-unternehmen-11981023.html; 12.12.2012.
169 http://www.publications.parliament.uk/pa/cm201213/cmselect/cmpubacc/870/870.pdf; 5.3.2015.
170 Harari/Meinzer/Murphy 2012.
171 http://taxjustice.blogspot.de/2012/10/memo-to-uk-only-way-to-win-race-to.html; 12.12.2012.
172 Shaxson, Nicholas 2011:126-146, sowie die Ergebnisse des Schattenfinanzindexes zur Vermessung des Finanz- und Bankgeheimnisses von 71 Staaten, hier: http://www.financialsecrecyindex.com/; 12.12.2012.
173 Etwa hier: http://taxjustice.blogspot.ch/2012/06/do-low-taxes-promote-growth-and-prevent.html; oder hier: http://taxjustice.blogspot.ch/2012/06/do-low-taxes-promote-growth-part-2.html; oder hier: http://taxjustice.blogspot.de/2012/02/itep-debunks-loopy-laffer-again.html; oder hier: http://taxjustice.blogspot.de/2012/03/capital-gains-tax-cuts-dont-produce.html; 12.12.2012. Warren Buffett etwa, der drittreichste Mensch der Welt, in der New York Times, hier: http://www.nytimes.com/2012/11/26/opinion/buffett-a-minimum-tax-for-the-wealthy.html; 14.10.2016.
174 http://www.welt.de/politik/ausland/article154154454/Das-PR-Desaster-in-der-Downing-Street.html; 14.10.2016.
175 https://www.oxfam.org/sites/www.oxfam.org/files/file_attachments/bp210-economy-one-percent-tax-havens-180116-en_0.pdf; 14.10.2016.
176 http://www.sueddeutsche.de/wirtschaft/neuer-armuts-und-reichtums-

bericht-der-bundesregierung-reiche-trotz-finanzkrise-immer-reicher-1.1470673; 12.12.2012.

177 http://www.oecd.org/berlin/presse/einkommensungleichheitnimmtoecd-we itzuindeutschlandbesondersschnell.htm; 12.12.2012.

178 Wilkinson/Pickett 2010: 20f. Siehe auch FAZ, in: http://www.faz.net/aktuell/feuilleton/buecher/rezensionen/sachbuch/richard-wilkinson-undkate-pickett-gleichheit-ist-glueck-es-schwankt-das-fundament-desgluecks-1943073.html; 30.10.2012. Die 10 Dimensionen für die sozialen- und Gesundheitsprobleme umfassen Lebenserwartung, Bildung (Analphabetismus), Kindersterblichkeit, Morde, Gefängnisaufenthalte, Teenagergeburten/-schwangerschaften, soziale Desintegration, Übergewicht, Psychische Erkrankungen (inklusive Drogen- und Alkoholabhängigkeit) sowie die soziale Mobilität (frei übersetzt nach Folie Nummer 7, hier: https://www.dur.ac.uk/resources/wolfson.institute/events/Wilkinson372010.pdf; 24.8.2015.

179 Cobham 2005: 9, 11-13.

180 McNabb/LeMay-Boucher 2014. Prichard/Cobham/Goodall 2014. Siehe auch Shaxson 2011.

181 Moore 2012:469.

182 McNabb/LeMay-Boucher 2014.

183 United Nations Conference on Trade and Development 2015.

184 International Monetary Fund 2015. Siehe auch: http://www.oecd.org/dac/development-aid-rises-again-in-2015-spending-on-refugees-doubles.htm; 14.10.2016.

185 www.taxjustice.net/cms/upload/pdf/Deutsch/info-steuergerechtigkeit03.pdf; 14.12.2012.

186 Siehe etwa diese Arte-Dokumentation zum Thema: http://steuergerechtigkeit.blogspot.de/2012/11/afrika-der-ausgeraubte-kontinent.html; oder siehe Christian Aid 2009:12-13.

187 www.globalpolicy.org/images/pdfs/GPFEurope/Arbeitspapier_-_Country-by-Country.pdf; 20.12.2012.

188 Siehe http://steuergerechtigkeit.blogspot.de/2012/12/ein-modell-fur-die-besteuerung.html (20.12.2012) sowie Picciotto 2012.

189 Für die USA besagen herkömmliche Statistiken zum Beispiel, dass das oberste Prozent im Jahr 2009 35,6% des Gesamtvermögens besaßen (Shaxson/Christensen/Mathiason 2012:6-7). Für Deutschland kommt Stefan Bach vom DIW für das Jahr 2007 zu einer Vermögenskonzentration beim obersten Prozent von 35,8% des Gesamtvermögens (Bach/Beznoska/Steiner 2011:11). Diese Schätzungen der Vermögenskonzentration bei dem obersten Prozent müssen jedoch spätestens seit der jüngsten Forschung über „offshore" in Steueroasen angelegtes Vermögen als viel zu niedrig gelten

(Shaxson/Christensen/Mathiason 2012; Henry, James S. 2012). Außerdem haben Entwicklungsländer in aller Regel eine deutlich ungleichere Vermögensverteilung als Deutschland oder USA. Deshalb sind 50% des Vermögens in Händen des obersten Prozents plausibel, insbesondere wenn die Rede allein von (mobilem) Finanzvermögen und -einkommen ist.

[190] Siehe etwa: Kar/Cartwright-Smith 2010.

[191] Gaggero/Casparrino/Libman 2007:18.

[192] Seit 2009 wurden die Möglichkeiten der grenzüberschreitenden verwaltungsseitigen Steuerauskunft in Deutschland eingeschränkt, siehe: Meinzer 2012a.

[193] Meinzer 2015.

[194] http://steuergerechtigkeit.blogspot.de/2015/11/groko-schutzt-steueroase-deutschland.html; 14.10.2016.

[195] Siehe hier: http://treasureislands.org/tax-haven-usa-attracts-over-3-trillion-in-foreign-dirty-money/; 17.12.2012.

[196] Seite 6, in: Henry 2012.

[197] Werte zum Ende 2010

[198] Meinzer 2012:12-14; Gaggero/Casparrino/Libman 2007:59; Helvea 2009:18.

[199] Für Details siehe hier: http://steuergerechtigkeit.blogspot.de/2012/05/globaler-automatischer.html; 17.12.2012.

[200] Meinzer, Markus 2015: Dringender Nachbesserungsbedarf beim Gesetzentwurf zum Automatischen Informationsaustausch. Stellungnahme von Tax Justice Network (Öffentliche Anhörung zu dem Gesetzentwurf zum automatischen Austausch von Informationen über Finanzkonten in Steuersachen und zur Änderung weiterer Gesetze (Drsn.: 18/5920, 18/2014, 18/6064, 18/6065) Montag, 2. November 2015, 12.00 bis 14.00 Uhr), Berlin, in: https://www.bundestag.de/blob/393626/6fbc7e93356dc43a2cfb8fe-00863413d/09-tjn-data.pdf; 12.1.2016.

[201] Henry 2012:40.

[202] http://www.epo.de/index.php?option=com_content&view=article&id=8753:jeden-tag-sterben-weltweit-19000-kinder&catid=52&Itemid=100; 18.12.2012.

[203] WWF 2012:44-45, 55, 140-155.

[204] http://taxjustice.blogspot.de/2012/12/google-boss-eric-schmidt-takes-dim-view.html; 18.12.2012.

[205] http://www.micha-initiative.de/das-ist-micha; 14.10.2016.

[206] http://www.taxjustice.net/2016/08/19/public-procurement-next-frontier-tax-justice-campaigning/; 14.10.2016.

[207] Mehr Hintergrund, siehe http://www.tackletaxhavens.com/the-solutions/

[208] Haugen 1999.

[209] Thomas 2003:118.

Ausblick
[210] Beyreuther 1983:212.
[211] Zitat der Seite www.ojc.de/rubrik5.html&sid=4bf6e7228bc1f82c-87de41c04282e51f entnommen.

Hat Ihnen dieses Buch gefallen?

Schreiben Sie's uns auf www.brunnen-verlag.de
Ihre Meinung zählt!